한 권으로 읽는 어린이 조선왕조실록

한국문학원 엮음

주식회사 자유지성사

어린이 조선왕조실록 **머리말**

"역사 공부는 어려워요."

"그렇게 긴 역사를 어떻게 다 기억해요?"

많은 어린이들은 그렇게 말합니다. 그래서 수학이나 영어보다 더 어려운 것이 역사라고 생각하기도 합니다. 역사는 외어야 한다는 생각 때문입니다.

역사란 그 나라의 거울입니다. 또한 그 민족의 발자취이기도 합니다. 그렇기 때문에 어떤 공부보다 중요합니다.

하지만 이제까지의 역사 공부는 어린이들에게서 역사에 대한 흥미를 빼앗아 갔습니다.

〈어린이조선왕조실록〉은 외어야 한다는 생각에서 어린이들을 벗어나게 하자는 뜻을 앞세웠습니다. 동화를 읽듯 자연스럽게, 그리고 재미있고 쉽게 역사 속으로 들어갈 수 있도록 했습니다. 또한 중고등 학생은 물론이고 부모님도 재미있게 읽을 수 있도록 엮었습니다.

이 책에는 한 가족이 등장합니다. 아빠, 엄마, 하늘이, 하나, 이렇게 한 가족이 역사 찾아가기를 하면서 어린이들을 자연스럽게 역사 속으로 이끌어갑니다. 하나네 가족을 줄줄 따라다니다 보면 어느새 조선 왕조 5백 년의 역사가 머릿속으로 자연스럽게 스며드는 것을 느낄 수 있습니다.

한 나라의 역사를 제대로 이해하지 못한다면 그 나라의 앞날은 어두울 수밖에 없습니다. 〈어린이조선왕조실록〉을 읽음으로써 우리의 어린이들은 자랑스러운 배달 민족으로서의 긍지와 힘과 용기를 배울 수 있으리라 믿습니다.

한국문학원 글쓴이들

어린이 조선왕조실록
차 례

제1대 태조

불을 막아 주는 해태 18 활을 잘 다룬 이성계 20
장수로 이름을 날리다 25 정몽주의 죽음 33
조선을 세우다 36 새 나라의 기초를 다진 정도전 38
제1차 왕자의 난 42 임금을 알아본 무학대사 45

제2대 정종

허수아비 임금님 52 집현전을 만들다 55

제3대 태종

왕자의 난 63 태종의 나라 사랑 66 함흥 차사 69
거북선 개발 73 민씨 형제의 죽음 74 떠돌이 왕자 75

제4대 세종

세종대왕의 업적 84 훈민정음 창제 90
농업의 발달 96 대마도 정벌 100
6진 개척 103 과학 기술의 발전 108
아악의 정리 115 훌륭한 정승 118

제5대 문종

총명한 왕세자 124 세자에 대한 걱정 130

제6대 단종

계유정난 135 이징옥의 반란 139
사육신과 생육신 141 단종의 죽음 144

제7대 세조

고양이를 위한 밭 150 세조의 신하들 156

제6대 예종

예종의 짧은 생애 162 남이섬의 비밀 164

제9대 성종

왕세자가 되다 171 왕권 강화 175
홍문관과 호당 제도 179 경국대전 182
유교를 바탕으로 펼쳐진 문화 188
역적을 타이르는 마음씨 191
숯장수 김희동에게 쏟은 애정 193
최부의 표해록 197

제10대 **연산군**
무오사화 205 갑자사화 207 연산군의 폭정 212

제11대 **중종**
중종 반정 217 중종의 개혁 정치와 기묘사화 219

제12대 **인종**
어질고 착한 임금 228

제13대 **명종**
을사사화 234 양재역 벽서 사건 236 을묘왜변 237
임꺽정의 난 239 성리학의 큰 학자 이황 242

제14대 선조

당파 싸움 249 일본의 정세 253
왜군의 침략 255 피난 가는 선조 259
이순신과 거북선 264 이순신의 활약 270
한산 대첩 274 마지막 해전 278
육지의 큰 승리 280 의병들의 활약 284

제15대 광해군

중립 외교 296 〈홍길동전〉과 〈동의보감〉 299

제16대 인조

인조 반정 306 이괄의 난 308
정묘호란 311 병자호란 314

제17대 효종

북벌 정책과 나선 정벌 323 〈하멜 표류기〉 326

제18대 현종

기상 변화와 천재지변 332

제19대 숙종
숙종의 업적 337 백두산 정계비 339
울릉도와 안용복 342

제20대 경종
몸과 마음이 약한 세자 350
노론과 소론의 다툼 352

제21대 영조
탕평책 356 훌륭한 신하 박문수 358 균역법 362
새로운 청계천 363 역사 학자 안정복 364
사도세자 365

제22대 정조
규장각 374
새 시대를 이끈 신하들 378

제23대 순조

나라를 마음대로 움직인 안동 김씨 386
홍경래의 반란 388 천주교를 억누름 391
추사 김정희 392

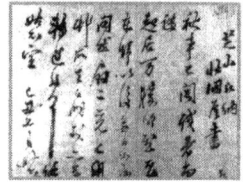

제24대 헌종

김대건의 죽음 400 안동 김씨와 풍양 조씨 402

제25대 철종

강화도령 407 백성들 일어나다 411 새로운 종교, 동학 414

제26대 고종

대원군과 고종 419 프랑스와 미국의 침략 423
'임오군란'과 '갑신정변' 424 동학 혁명 427 대한제국 431

제27대 순종

안중근의 의거 439

　설날 아침입니다. 하나는 아빠와 엄마를 따라 경복궁으로 갔습니다. 오빠인 하늘이도 함께였습니다. 경복궁에서는 설맞이 놀이를 한다고 했습니다.

　경복궁은 서울의 강북 북악산 아래 자리잡고 있습니다.

　"오랜만에 명절을 뜻있게 보내는 것 같구나."

　아빠는 경복궁의 정문인 광화문 앞으로 성큼

성큼 걸어갔습니다.

"한복을 입은 사람들이 많아서 보기가 좋군요."

한복을 곱게 차려입은 엄마가 옷고름을 바로 하며 말씀하셨습니다. 울긋불긋한 한복으로 경복궁 뜰은 꽃밭입니다.

"이 궁궐은 조선 왕조 때의 왕궁이란다. 하늘이는 중학생이니까 조선이라는 나라에 대해서

들어봤겠지?"

아빠가 하늘이를 보며 말씀하셨습니다.

"들어보기는 했지만 잘 알지는 못해요."

"이제 하늘이도 우리의 역사에 대해서 알아야 할 나이가 됐다. 역사를 제대로 알아야 앞으로 더욱 훌륭한 나라를 이룩할 수 있지. 지금의 대한민국이 있기 전에 왕들이 다스린 조선이라는 나라가 있었단다."

아빠의 말씀을 들으며 하나는 조선이라는 나라 이름을 속으로 외어 보았습니다.

"조선은 고려를 쓰러뜨리고 세운 나라지요?"

하늘이가 아빠를 쳐다보며 물었습니다.

"제법인데. 그래, 맞다. 조선 왕조는 고려 왕조의 뒤를 이어 세워진 나라란다."

아빠는 흐뭇한 표정을 지으며 하늘이의 어깨를 다독였습니다.

"그런데 어떻게 여기에 궁전을 짓게 되었어요?"

"그걸 얘기하자면 조선 왕조를 세운 태조 임금 얘기부터 해야겠구나. 이 경복궁은 조선 왕조가 최초로 지은 궁궐이니까."

불을 막아 주는 해태

"아빠, 그런데 저 이상한 짐승은 뭐예요?"

아빠와 오빠의 이야기를 듣고 있던 하나는 대

문 앞 양쪽에 놓여 있는 두 마리 돌짐승을 가리켰습니다.

광화문 앞 해태

"응, 그건 해태라고 해. 상상 속에 있을 뿐 실제로는 없는 짐승이니까 하나 말대로 이상한 짐승이지."

아빠는 그렇게 말씀하시고 하하 웃으셨습니다.

"그게 왜 대문 앞에 있어요?"

"옛날 사람들은 해태가 불을 막아 준다고 생각했단다."

"왕궁에 불이 나면 큰일이니까요?"

"그렇지."

아빠가 고개를 크게 끄덕였습니다.

"아빠, 우리 집 앞에도 해태를 세우면 안 돼요?"

하나가 얼른 아빠 손을 붙들며 물었습니다.

"우리 집에서는 하나가 해태처럼 불을 막는 일을 하면 되겠구나."

엄마가 아빠 대신 대답을 했습니다. 그러자 옆에 섰던 하늘이가 손뼉을 쳤습니다.

"정말 그러면 되겠다. 너는 해태처럼 못생겼잖아."

그 말에 식구들 모두 웃었습니다.

활을 잘 다룬 이성계

조선 왕조를 세우고 첫 임금자리에 오른 태조는 도읍을 옮기기로 했습니다. 그 때까지 고려 왕조의 도읍은 개경(지금의 개성)이었습니다.

태조는 정도전과 무학대사를 불러 어디로 옮기면 좋을지를 물었습니다.

"한양(지금의 서울)이 좋은 줄 아뢰옵니다."

정도전이 먼저 말했습니다. 그 옆에 있던 무학대사도 그의 뜻에 따랐습니다.

그래서 태조는 정도전의 뜻에 따라 지금의 자리에 궁궐을 짓기로 하였습니다.

경복궁 안으로 들어간 하나는 손뼉을 치며 좋아했습니다.

"정말 사람들이 많다. 여기 오니까 설날 기분이 저절로 들어요."

궁궐 뜰에는 많은 사람들이 모여 설날을 즐기고 있었습니다. 윷놀이를 하는 사람, 널뛰기를 하는 사람, 연을 날리는 사람, 팽이를 치는 사람, 제기를 차는 사람, 모두들 흥겨운 표정들이었습니다.

경복궁은 임금이 살았던 왕궁답게 큰 궁궐 건물들이 즐비하게 들어서 있습니다.

"서울에 이런 곳이 있는 줄 몰랐어요. 고려 왕조가 있었는데 왜 조선 왕조를 다시 세웠는지 궁금해요."

하늘이가 아빠를 쳐다보았습니다. 아빠는 그런 물음이 나올 줄 이미 짐작하고 있었다는 듯이 빙그레 웃으셨습니다.

"그렇지 않아도 요즘 〈조선왕조실록〉을 들춰

보고 있었단다. 아마 하늘이가 물어볼 줄 알고 미리 준비했던가 보구나."

"〈조선왕조실록〉이라뇨?"

"음, 그건 조선 왕조의 역사를 왕들마다 자세히 적어 놓은 책이란다. 우리 역사를 알아보는 데 없어서는 안 될 책이지."

"거기에 무슨 내용이 적혀 있어요?"

"왕을 중심으로 일어난 일들이 다 적혀 있단다. 먼저, 조선 왕조를 세운 태조 임금 이성계부터 자세히 적혀 있지."

"태조는 어떻게 나라를 세우고 임금님이 되었어요?"

"천천히 처음부터 얘기해 보자. 이성계는 젊어서부터 총명하고 용감했으며 특히 활을 아주 잘 쏘았다는구나."

하늘이와 하나는 눈빛을 빛내며 아빠의 다음 말을 기다렸습니다.

이성계가 활 다루는 솜씨가 뛰어나다는 소문은 멀리까지 퍼졌습니다.

어느 날 한 젊은이가 이성계를 찾아왔습니다.

"나와 활 실력을 겨루어 봅시다."

"좋소."

이성계는 그의 말을 거절하지 않았습니다.

두 사람은 활터로 나갔습니다.

"자, 먼저 활을 쏘시오. 화살로 나를 맞혀 보도록 하시오."

이성계는 젊은이에게 먼저 양보를 했습니다.

젊은이는 조금도 망설이지 않고 활시위를 당겼습니다. 화살은 쌩, 소리와 함께 이성계를 향해 무섭게 날아갔습니다. 하지만 이성계는 눈 하나 끔쩍하지 않았습니다. 그리고 여유 있게 날아오는 화살을 나꿔챘습니다.

젊은이는 두 번째 활시위를 당겼습니다. 이번만은 이성계도 도리 없이 화살을 맞고 쓰러졌다고 믿는 순간, 그 화살은 순식간에 이성계의 등을 아슬아슬하게 스치고 날아갔습니다. 이성계는 재빠르게 바싹 몸을 엎드려 화살을 피했던 것입니다.

젊은이는 당황하지 않고 세 번째 활시위를 당겼습니다. 이번에도 화살은 이성계를 맞히지 못했습니다. 이성계는 펄쩍 몸을 날려 화살이 두 가랑이 사이로 빠져나가도록 했습니다.

"정말 뛰어난 솜씨네요. 그래서 그 젊은이는 어떻게 했나요?"
하늘이가 물었습니다.
"그렇게 되자 그 젊은이는 이성계 앞에 무릎을 꿇고 용서를 빌었단다."
"그런데 그 사람이 누구였어요?"
"그 사람은 역시 활을 잘 쏜다고 소문이 자자했던 이지란이라는 젊은이였어. 여기서 두 사람은 의형제를 맺었고, 이지란은 죽을 때까지 변함없이 이성계를 도왔단다."

"〈조선왕조실록〉은 무척 재미있는 책인가 봐요."

"재미있는 이야기도 많을 뿐 아니라 우리가 꼭 알아야 할 조선 역사가 다 들어 있단다. 이성계가 왕이 되는 이야기를 좀더 살펴볼까?"

장수로 이름을 날리다

이성계가 청년이 되었을 무렵, 중국 땅에는 원나라가 힘을 잃고 명나라가 일어나 점점 기세를 떨치고 있었습니다.

그 틈을 타고 우리 나라 북쪽에서는 여진족이 머리를 쳐들고 남쪽에서는 왜구들이 몰려다니며 행패를 부렸습니다.

그 무렵, 원나라는 고려의 동북쪽 땅을 차지하고 '쌍성총관부'라는 이름으로 다스렸습니다.

이성계의 아버지는 '쌍성총관부'의 관리로 있었는데 고려와 힘을 합쳐 그 땅을 원나라로부터 되찾는 데 성공했습니다.

그 뒤 4년이 지나고, 아버지가 죽자 이성계는 그 뒤를 이어 세력을 키워 나가면서, 반란을 누르고 홍건적을 물리치는 등 차츰 큰 장수로 이름을 날리기 시작했습니다.

"홍건적의 힘이 대단했나요?"

하나가 아빠 얼굴을 쳐다보며 물었습니다.

"홍건적은 한때 고려의 도읍인 개경까지 위협할 정도였어. 그러나 이성계는 그런 홍건적도 거뜬히 물리쳤단다. 그런데 고려에 다시 땅을 빼앗긴 원나라가 가만있을 리 있겠니? 명나라에 밀리고는 있었지만 원나라는 본래 칭기즈칸이라는 영웅이 세운 나라인데 세계를 호령할 정도로 힘이 센 적도 있었거든."

"칭기즈칸은 저도 알아요."

"원나라는 빼앗긴 땅을 되찾기 위해 여진족 장수 나하추에게 몇만 명의 군사를 주며 고려를 치라는 명령을 내렸지. 나하추는 지금의 함경남도 지방으로 쳐들어왔고, 고려는 맥없이 패배를 거듭했어. 마침내 고려 임금인 공민왕은 이성계에게 동북면병마사라는 벼슬을 내려 나하추와 맞서게 했단다."

나하추의 군대는 전투마다 거듭 승리를 거두어 의기양양해 있었습니다.
그러나 이성계는 앞장선 적의 군대를 보기 좋게 깨뜨린 다음, 고삐를 늦추지 않고 무서운 기세로 쳐들어가 그 뒤의 큰 군대마저 쳐부숴 버렸습니다.
이 전투에서 나하추는 간신히 목숨을 건지고 몇 명의 부하들만 거느린 채 도망쳐 버렸습니다.

"정말 이성계는 대단한 실력을 지녔군요."
"그래, 이 때부터 이성계는 조선 왕조를 세우기까지 무려 30년 동안 수많은 전투를 치렀지만 단 한 번도 패배한 적이 없었단다."
"와, 30년 동안 한 번도 패배한 적이 없다니!"

하늘이가 감탄을 했습니다.

"그리고 어떻게 됐어요?"

하나가 다급하게 물었습니다.

"원나라가 쉽게 물러날 리 없었지. 말을 안 듣는 공민왕을 아예 몰아내려고 덕흥군을 앞세워 고려로 쳐들어왔단다. 밀고 밀리는 싸움이 계속되는 가운데 최영과 함께 전투에 나간 이성계는 그 유명한 활솜씨로 적군 장수를 말에서 떨어뜨려 큰 승리를 얻었지. 그런데 이번에는 남쪽으로 왜구가 쳐들어와 나라를 짓밟는 거야."

"왜구가 뭔가요?"

"왜구란 일본에서 건너온 도둑 떼를 일컫는 말이다. 놈들은 이성계에게 몇 번 혼이 나고도 여전히 우리 나라를 못살게 굴곤 했어. 아기바투라는 소년 장수가 이끄는 왜구가 전라도에서 극성을 부릴 때도 이성계가 무찔렀거든. 최무선이 화약과 화통을 이용한 포를 만들어 쓴 것도 그 전투에서였지."

이렇게 이성계는 북쪽으로, 남쪽으로 바쁘게 말을 달려 많은 공을 세웠습니다. 공을 세울 때마다 벼슬이 올라 우왕 때에는 지금의 총리에 해당하는 문하시중의 바로 아래 벼슬인 수문하시중에까지 올랐습니다.

그 무렵 중국의 명나라는 힘이 세어져서 고려에 많은 것을 갖다 바치라고 요구하는가 하면 철령 북쪽의 고려 땅까지 차지하겠다고 으름장을 놓았습니다.

고려로서는 결코 들어줄 수 없는 억지였습니다.

이성계와 함께 나라를 떠받치고 있던 장수 최영이 우왕을 찾아갔습니다.

"이렇게 앉아서 당할 수만은 없사옵니다. 차라리 명나라로 쳐들어가는 게 나을 것이옵니다."

그 말을 들은 우왕은 생각을 굳혔습니다.

"우리가 먼저 명나라 땅으로 진격할 것이다!"

우왕의 명령을 받은 최영은 이성계와 조민수에게 명나라의 요동 땅으로 쳐들어가도록 했습니다.

요동은 압록강을 사이에 두고 우리 나라와 마주보는 만주 땅이었습니다. 이성계와 조민수는 5만의 군사를 거느리고 압록강 가운데 있는 섬인 위화도에 이르렀습니다.

때는 장마철이었습니다. 비가 쏟아져 압록강 물은 엄청나게 불어나서 군사를 이끌고 강물을 건넌다는 것은 큰 모험이었습니다.

"이거 큰일이구나."

이성계는 넘실거리는 강물 앞에서 난감해 했습니다. 아무리 생각해도 뾰족한 수가 없었습니다.

이성계는 명나라로 쳐들어갈 수 없다는 마음을 굳히고, 조정에 글을 올렸습니다.

첫째, 작은 나라가 큰 나라를 거슬러서는 안 됩니다.
둘째, 여름철에 군사를 움직여서는 안 됩니다.
셋째, 요동을 치다가 남쪽 왜구에게 당할 염려가 있습니다.
넷째, 무덥고 비가 많이 오니 활의 아교가 녹아 쓸 수 없고 군사들이 전염병에 걸리기 쉽습니다.

하지만 우왕과 최영은 이성계의 뜻을 받아들이지 않고, 명나라로 쳐들어가라는 명령만 거듭 내렸습니다.

이러지도 못하고 저러지도 못하게 된 이성계는 어쩔 수 없이 마지막 방법을 택하기로 했습니다. 조민수와 더불어 군사를 돌려 말머리를 개경으로 향했던 것입니다.

이것을 '위화도 회군'이라고 합니다.

개경에 이른 이성계는 최영을 붙잡아 귀양 보냈습니다. 그리고 우왕을 강화도로 내쫓고 새로운 왕으로 창왕을 세웠습니다. 우왕의 아들 창왕은 이 때 나이가 아홉 살이었습니다.

"아홉 살에 임금이 돼요?"

하나가 놀란 표정으로 아빠를 쳐다보았습니다.

"우왕과 창왕은 본래 임금의 자손이 아니고 신돈이라는 스님의 자손이라고 쑤군거림을 받아 왔어."

"창왕은 얼마 동안이나 임금자리에 있었어요?"

이번에는 하늘이가 물었습니다.

"이듬해 이성계는 창왕마저 내쫓고 새로운 임금을 내세웠지. 이 임금이 고려의 마지막 임금인 공양왕이란다."

"공양왕은 임금자리에 오르자 이성계의 뜻에 따라 우왕과 창왕을 죽이고 조민수도 내쫓아 버렸단다."

옆에서 가만히 듣고 있던 엄마가 한 마디 거들었습니다.

정몽주의 죽음

"이성계는 임금을 내쫓은 뒤에 왜 자기가 임금이 되지 않았죠?"

"창왕을 내쫓을 때도 이성계가 임금이 되어야 한다는 말들이 많았지. 하지만 이성계는 때를 기다렸던 거야. 자기가 왕의 자리에 올라도 되는 기회를 엿보았던 거지."

"그래서 어떻게 됐어요?"

"공양왕이 임금자리에 오르고 3년 뒤 그 때까지 고려를 떠받치고 있던 충신 정몽주가 이성계의 다섯째 아들 방원에 의해 죽임을 당했어."

"이성계를 임금에 오르게 하려고 일부러 죽인 거죠?"

"그렇지. 방원은 정몽주가 있으면 고려를 쓰러뜨리기 어렵다고 보았던 거야. 혹시 개성의 선죽교 이야기를 알고 있니?"

아빠가 하늘이와 하나를 보며 물었습니다.

"조금밖에 몰라요. 얘기해 주세요."

하나가 아빠를 졸랐습니다.

"어느 날 정몽주가 이성계를 만나고 오는 길에 돌다리를 건너고 있었어. 그 때 방원의 명령을 받은 자객이 느닷없이 나타나 쇠도리깨를 휘둘렀지. 그 자리에서 정몽주는 죽고 말았어. 얼마 뒤 정몽주의 피가 흘러내린 자리에 푸른 대나무가 자라났지. 그래서 사람들은 그 다리를 '선죽교'라고 불렀단다. 그 때 정몽주가 흘린 붉은 피가 바위에 묻었는데 아직도 남아 있단다."

정몽주가 죽은 걸 알고 이성계는 방원을 몹시 꾸짖었습니다.

"어쩌려고 그런 일을 저지른단 말이냐!"

"아버님의 앞일에 방해가 되기 때문입니다."

방원은 서슴없이 대답하였습니다.

어쩔 수 없는 일이었습니다.

정몽주 영정

정몽주가 사라지자 이제 고려는 바람 앞의 등불이 되고 말았습니다.

이렇게 때가 무르익기를 기다린 이성계는 마침내 공양왕마저 쫓아내고 스스로 임금자리에 올랐던 것입니다.

이로써 고려는 34왕, 474년으로 막을 내리고 말았습니다. 이 때가 1392년이었습니다.

조선을 세우다

"드디어 이성계가 임금이 되었군요."
하늘이가 고개를 끄덕였습니다.
"그래, 임금이 된 이성계는 얼마 동안 나라 이름을 고려로 쓰다가 이듬해에 명나라의 뜻을 물어 나라 이름을 조선으로 정했단다."
"우리 나라 이름을 짓는데 왜 명나라의 뜻을 물어요?"
하늘이가 고개를 갸우뚱했습니다.
"그건 참 어려운 질문이구나. 아무래도 명나라는 힘이 센 나라여서, 무슨 트집을 잡을지 모르잖니. 그러니까 미리 잘 사귀고 구슬러 놓을 필요가 있었지."
"그런 걸 외교라고 하잖아요."
"하늘이는 역시 중학생답구나."
아빠는 하늘이의 머리를 쓰다듬었습니다.
"아빠, 그런데 조선이라는 이름은 어떻게 지

은 건가요?"

"본래 조선이라는 이름은 그 전에도 있던 거란다. 옛날 단군조선과 기자조선이 그것이지. 그래서 그 이름을 이어받는다는 뜻에서 지은 거란다."

"알겠어요. 그래서 나라를 튼튼하게 세운 것이군요."

"그래, 이성계는 마침내 조선 왕조를 세우고 태조 임금이 되었던 거야."

"그리고 여기에 궁전을 지었어요?"

하나는 그렇게 묻고 궁궐을 휘둘러보았습니다.

"그렇지. 새롭게 나라를 세웠으니, 새로운 궁궐이 있어야 했어. 개경은 이미 땅의 기운이 약해졌고, 또 백성의 마음을 바로잡는 것이 무엇보다 중요하다고 여긴 거지."

"새 나라의 새 임금님이니까 새 집을 지어야 했겠죠?"

"하나는 말도 잘 하는구나. 새 임금님이 된 태

조는 아까 말했듯이 정도전과 무학대사를 불러 어디로 도읍을 정하면 좋을지를 물은 뒤 옛날에는 한양이라고 불렀던 이 서울을 새 도읍으로 정했단다. 그리고 궁궐도 새로 지었지. 봐라, 얼마나 아름다운 곳이냐."

아빠는 궁궐 뒤의 산이 북악산이라고 알려주셨습니다. 모두들 북악산을 쳐다보았습니다.

하나는 북악산을 뒤로 하고 세워져 있는 궁궐이 정말 아름답다고 생각했습니다.

"이런 곳에 살았던 임금님은 정말 좋았겠어요."

하나는 두 팔을 벌리며 큰소리로 말했습니다.

새 나라의 기초를 다진 정도전

"정도전과 무학대사는 어떤 사람들이었어요?"
하늘이가 물었습니다.
"처음부터 그 두 사람 얘기를 했었지? 그러니

까 이성계가 조선 왕조를 세우는 데는 빼놓을 수 없는 사람들이지. 그럼, 먼저 정도전에 대해서 알아볼까?"

정도전은 이성계보다 두 살 아래였습니다. 어려서부터 훌륭한 선생님들 밑에서 공부를 열심히 하여 지식이 풍부하였습니다.

그렇지만 어머니가 남의 집 종이었기 때문에 제대로 벼슬길에 오를 수가 없었습니다. 옛날에는 큰 벼슬에 오르려면 집안도 좋아야만 했습니다.

그래서 정도전은 늘 따돌림을 당하기 일쑤였습니다.

"종의 자식이라고 업신여김을 당해야 하다니……."

정도전은 견디다 못해 이성계를 찾아갔습니다. 이 때 이성계는 고려 땅으로 쳐들어온 원나라의 나하추 군대를 쫓아내고 큰 장수로 이름을 떨치고 있었습니다.

"부디 저를 거두어 주십시오."

정도전은 이성계 앞에서 머리를 조아렸습니다. 이성계는 정도전을 보고 언젠가는 큰일을 해낼 인물임을 알아보았습니다. 이성계는 정도전이 벼슬길에 오를 수 있도록 도와주었습니다. 이렇게 해서 정도전과 이성계의 관계가 시작되었습니다.

이성계가 위화도에서 되돌아온 뒤, 고려를 호령하기에 이르렀고, 덩달아 정도전은 힘을 발휘할 수 있게 되었습니다.

그는 권세를 이용해 살아가는 사람들을 몰아내는 데 앞장서고, 새로운 제도도 만들기 시작했습니다. 새로운 나라를 세우려는 이성계의 뜻에 따른 것이었습니다.

정도전은 크게 외쳤습니다.

"이성계를 임금으로 모셔야 한다!"

그 말은 이미 기울어지기 시작한 고려 왕조를 쓰러뜨려야 한다는 뜻이었습니다.

그는 새로운 나라는 새로운 생각을 바탕으로 다스려져야 된다고 생각했습니다. 그 새로운 생각의 바탕을 '성리학'이라고 합니다.

그러나 사람들이 가만히 있지만은 않았습니다. 정몽주를 비롯한 여러 사람들은 힘을 합쳐 고려가 쓰러지는 것을 막으려고 안간힘을 썼습니다.

"이러다간 고려가 망하고 우리도 죽임을 당할 것이다."

그렇게 모인 사람들은 기어이 정도전을 내쫓고 말았습니다. 그 모습을 본 이성계의 다섯째 아들 방원은 일을 서둘러야겠다고 결심했습니다. 그대로 보고만 있다가는 오히려 이쪽이 먼저 죽게 될 것 같았기 때문입니다.

"아까 아빠가 말해 준 선죽교 얘기가 생각나지?"

옆에서 듣고만 있던 엄마가 한마디 거들었습니다.

"정몽주가 죽임을 당한 자리에서 푸른 대나무가 돋아났다는 돌다리 얘기 말이에요?"

하늘이가 엄마를 쳐다보았습니다.

"그렇지. 방원은 사람을 시켜 선죽교에서 정몽주를 죽이고 말았어. 그로부터 고려를 떠받들던 사람들은 그만 힘을 잃고 주저앉게 되었단다."

"정몽주가 죽은 뒤에 정도전은 어떻게 됐어

요?"

하늘이가 궁금하다는 표정으로 물었습니다.

정몽주가 죽은 뒤 정도전은 다시 이성계 곁으로 돌아왔습니다. 그리고 여러 사람들과 힘을 합쳐 이성계를 임금자리에 오르게 했습니다.

정도전은 이성계가 임금이 되는 데 가장 큰공을 세운 인물이었습니다. 그뿐만이 아니라 새 나라의 기틀을 바로잡기 위하여 많은 일들을 했습니다. 새 나라를 다스리는 데 필요한 책들을 펴내는가 하면 여러 가지 옛 제도들도 뜯어고쳤습니다. 서울의 북악산 밑에 궁궐을 지어 도읍을 옮긴 것도 그의 공이 컸습니다. 모든 일들이 정도전의 뜻대로 이루어지고 있었습니다.

제1차 왕자의 난

"그렇지만 좋은 일 뒤에 나쁜 일이 도사리고 있을 줄은 정도전도 몰랐단다."

아빠는 먼 하늘을 쳐다보았습니다.

"나쁜 일이라뇨?"

하늘이가 눈을 크게 뜨고 물었습니다.

"정도전은 여러 제도를 바로잡으면서 군사 쪽에도 힘을 쏟기 시작했지. 그걸 안 방원이 가만있을 리 없었지. 방원은 태조 다음의 왕은 반드시 자기라고 믿고 있었거든."

"마음먹었다고 임금이 쉽게 되는 건가요?"

"그럴 리가 있겠니. 임금은 다음 임금이 될 왕자를 미리 정해 놓는단다. 다음 임금이 될 왕자를 세자라고 하지. 태조 임금이 처음에 정해 놓은 세자는 여덟째 왕자인 방석이었어. 태조는 그 아들을 무척 귀여워했단다."

"왕자가 여덟 명이나 되었어요?"

하나가 놀라서 물었습니다.

"하하. 요새는 어느 집이나 아이들이 한둘밖에 없지만 예전에는 집집마다 아이들을 많이 낳았단다. 더군다나 왕들은 더했지."

태조는 방석을 세자로 삼고 정도전에게 잘 가르치라고 했습니다.

방원으로서는 괴롭기 짝이 없는 일이었습니다. 이성계가 임금이 되는 데 가장 큰 역할을 한 왕자는 누가 보아도 자기라고 생각했기 때문이었습니다. 그런데 세자 자리를 놓친 것입니다. 그러니까 방석과 정도전이 한패가 되는 것도 참을 수가 없었습니다.

"이대로 두어서는 안 되겠다."

방원은 이를 갈았습니다. 그리고 망설이지 않고 군사를 몰아 방석과 정도전은 물론 이성계의 일곱째 아들인 방번까지 죽이고 말았습니다. 피비린내가 궁궐을 휩쓸었습니다. 이것을 '제1차 왕자의 난'이라고 합니다.

이성계를 도와 조선 왕조를 세운 정도전은 이렇게 방원의 손에 덧없이 죽고 말았습니다.

마침 태조는 병이 들어 누워 있었습니다. 아끼던 정도전과 왕자들이 죽었다는 소식에 태조는 몹시 마음이 아팠습니다.

"임금자리를 둘째아들 방과에게 물려주노라."

태조는 왕의 자리를 방과에게 물려주고는 뒤로 물

러났습니다. 그토록 힘들게 임금이 되었지만, 아들끼리의 피비린내 나는 싸움에는 진저리가 난 것이었습니다.

그렇게 해서 방과는 조선 왕조 제2대 임금인 정종이 되었습니다.

임금을 알아본 무학대사

"참, 무학대사에 대해서는 아직 얘기하지 않았구나."

"예, 이름부터가 이상해요."

하나는 고개를 갸우뚱했습니다.

"대사란 높은 스님을 일컫는 말이란다. 그러니까 무학대사는 스님이셨지. 하나는 절에 가서 스님들을 봤지?"

"예. 무학대사도 그런 스님이었어요?"

무학대사의 어린 시절은 거의 알려지지 않았습니다. 그의 부모가 왜구에게 끌려가다 간신히 도망쳐 나왔으며 갈대로 삿갓을 만들어 팔며 어렵게 살았다는 것 정도입니다.

무학은 일찍이 절에 들어가 스님이 되었습니다. 그리고 몇 년 뒤에 원나라에 가서 불교를 더 깊이 배웠습니다.

그러나 무학은 함께 공부하는 사람들로부터 따돌림을 당해야만 했습니다. 집안이 보잘 것 없다는 이유 때문이었습니다. 그들은 누구보다 열심히 공부하고 머리가 깨어 있는 무학을 시기했던 것입니다.

그럼에도 불구하고 무학은 혼자서 공부를 계속하였습니다.

"무학은 혼자서 여러 가지 공부를 아주 많이 했단다. 그리고 자기가 공부한 것을 세상에 나가 펼칠 날을 기다렸던 거지. 그러던 어느 날 이성계를 만났어. 고려가 쓰러지기 직전, 이성계가 장수로 이름을 날리고 있을 때였어. 이성계를 본 무학이 대뜸 한 말이 뭐였을 것 같니?"

아빠가 하늘이와 하나에게 물었습니다. 둘은

어리둥절해서 서로의 얼굴만 살폈습니다.

"이성계를 본 무학은 대뜸 이렇게 말했단다. 머잖아 왕이 되실 것입니다, 하고 말이야."

"아니, 그걸 어떻게 알았어요?"

하나는 신기해서 눈을 크게 떴습니다.

"무학은 여러 가지 공부를 많이 했다고 했지? 그래서 이성계의 사람 됨됨이뿐만 아니라 고려가 지금 어떤 상황에 빠져 있는지 잘 살필 줄 알았던 거야."

"우와, 신기하다. 나도 무학대사를 만나고 싶다. 그럼 내가 나중에 어떤 사람이 될지 물어볼 수 있잖아."

"하나야, 열심히, 건강하게 자라면 네가 원하는 일을 할 수 있게 된단다."

아빠는 하나의 등을 토닥거렸습니다.

"무학의 말을 들은 이성계는 그를 스승으로 받들었어. 조선 왕조를 세우고서도 무학과 이성계의 관계는 변함이 없었지."

"정도전은 방원에게 죽임을 당했는데, 무학대사는 어떻게 됐어요?"

하늘이가 물었습니다.

"그래, 아직 그 얘기가 남아 있구나."

정도전과 무학대사는 조선 왕조를 세우는 데 큰공을 세웠습니다.

그러나 두 사람은 공부의 바탕이 달랐습니다.

정도전은 유교에 뿌리를 둔 '성리학'을 내세웠고, 무학대사는 불교를 따랐습니다.

조선 왕조는 불교를 누르고, 유교를 떠받드는 나라였습니다.

"무학대사는 자기가 어떻게 해야 하는지 잘 알고 있었단다. 그래서 나라가 세워지는 것을 보고도 우쭐대지 않고 조용히 물러나 불교 공부에만 전념하다 생을 마쳤단다."

아빠는 경복궁의 궁궐들을 다시 한 번 둘러보았습니다.

"조선 왕조에 대해 더 얘기하자면 〈조선왕조실록〉을 들고 밤을 새워야 할 판이구나."

엄마가 옆에서 거들었습니다.

"엄마, 우리도 널뛰기하러 가요, 응?"

하나가 엄마에게 매달렸습니다.

"그래. 다음 임금들 이야기는 다음에 하자."

아빠의 말씀에 하나는 먼저 놀이마당이 있는 쪽으로 뛰어갔습니다.

제2대 **정종**

경복궁에서 엄마와 널뛰기를 하며 놀았던 일은 너무도 즐거운 기억이었습니다. 경북궁을 돌아다니며 엄마와 아빠를 통해 들었던 여러 가지 이야기들은 마치 두 눈으로 본 것처럼 생생하게 떠오릅니다.

〈조선왕조실록〉이 왕에서 왕으로 이어지는 조선 왕조의 역사를 적어 놓은 것이라는 것도 알게 되었습니다.

오늘은 가족 모두 모여 태조 다음의 임금인 정종에 대해 알아보기로 한 날입니다.

저녁을 먹은 뒤 하나네 가족은 거실에 모여 앉았습니다. 하늘이는 오후 내내 다트 놀이를 하느라 정신이 없었습니다.

"이성계와 이지란이 활쏘기를 겨뤘던 이야기가 제일 재미있었어. 하나 너는 무슨 이야기가 제일 재미있었니?"

다트 놀이를 하다 말고 하늘이가 하나에게 물었습니다.

"나는 엄마가 경복궁에서 들려준 이야기 중에 이성계와 신덕왕후가 처음 만날 때의 일이 제일 재미있었어."

하나가 떠들었습니다.

허수아비 임금님

 어느 날 사냥을 나간 이성계는 호랑이에게 쫓기게 되었습니다. 얼마쯤 달렸을까. 호랑이를 피하긴 했는데 목이 너무 말랐습니다. 마침 우물가에 아가씨가 있어서 이성계는 물을 좀 달라고 했습니다.
 아가씨는 말없이 물을 떠서 바가지 위에 버들잎을 띄웠습니다.

"아니, 먹을 물에 버들잎은 왜 띄우시오?"

이성계가 물었습니다. 그러자 아가씨는 웃으며 물바가지를 내밀었습니다.

"너무 숨이 찬데 물을 급히 마시면 체한답니다. 버들잎을 불어 가며 천천히 드십시오."

이성계는 그제야 고개를 끄덕였습니다. 그리고 아가씨의 마음 씀씀이에 몹시 마음이 끌렸습니다.

그 아가씨는 나중에 왕비가 되었습니다. 그 왕비는 방석과 방번을 낳은 신덕왕후였습니다.

그러나 방원이 '제1차 왕자의 난'을 일으켜 방석과 방번은 그만 목숨을 잃고 말았습니다.

"왕자의 난이 일어나자 태조가 임금자리를 둘째아들 방과에게 물려준 이야기는 저번에 했지?"

아빠는 하나와 하늘이를 곁에 앉히고 이야기를 시작했습니다.

"그 둘째아들 방과가 조선 왕조의 제2대 임금인 정종이라는 것까지 말씀하셨어요."

하늘이가 아는 척을 했습니다.

정종은 처음부터 임금자리가 싫었습니다.
조선 왕조를 세우고 아버지 이성계가 임금이 되는 데는 누구보다 방원의 공이 컸습니다.
하지만 태조는 방원에게 임금자리를 물려주지 않았습니다.

"정종은 할 수 없이 왕의 자리에 오르기는 했지만 나라의 모든 일은 방원의 뜻에 따라 움직였지."
"허수아비 임금님이었군요?"
하늘이가 거들었습니다.
"허수아비란 말은 좀 심한 것 같구나. 하지만 따지고 보면 그런 셈이었어."

집현전을 만들다

정종은 임금이 된 이듬해에 도읍을 개경으로 옮겼습니다. 나라가 어지러운 것은 한양이라는 땅에 문제가 있다고 생각했기 때문이었습니다. 조선 왕조는 이때 도읍을 잠깐 옮겼을 뿐, 얼마 뒤 다시 도읍을 서울로 되돌렸습니다.

"정종은 나라 일보다는 격구나 사냥 같은 것에만 빠져 지냈단다."
"격구가 뭐예요, 아빠?"
하늘이의 눈이 빛났습니다.
"넌 그저 놀이라면 놓치지를 않는구나. 격구란 말을 타고 공을 치며 노는 놀이란다."
엄마가 거들었습니다.
"정말 재미있겠어요. 말까지 타고."
"정종으로서는 그럴 수밖에 없었어. 모든 일은 방원이 다 했으니까."
"그럼 정종이 한 일은 개경으로 도읍을 옮긴

것밖에 없어요?"

"있기야 있지. 집현전이라는 걸 만들기도 했어. 집현전은 책을 모으고 공부를 하는 곳이야. 나중에 조선 왕조의 훌륭한 일들이 여기서 이루어지게 된단다."

정종은 날이 갈수록 임금자리가 싫었습니다. 잘못했다가는 방원에게 목숨을 잃을 수도 있었습니다.
어느 날 정종과 왕비는 뜻을 맞추었습니다.
"우리 왕궁을 떠나 살기로 합시다."
정종은 곧장 임금자리를 방원에게 물려주고 상왕으로 물러앉았습니다.
임금이 된 지 2년 2개월인 1400년의 일이었습니다.
정종은 임금자리에서 물러나 여러 가지 놀이로 세월을 보내다가 63세의 나이로 편안하게 세상을 떠났습니다.

"임금자리를 물려주면 상왕이 되는 거구나. 그럼 먼저 물러나 있던 태조는 어떻게 되나요?"

"그렇지. 그렇게 되었구나. 그래서 태조는 태상왕이 되었단다."

"정종은 너무 불쌍한 왕이에요."

하나가 울상을 지었습니다.

"하는 수 없었지. 자, 드디어 방원이 태종 임

금이 되었으니 우리 다음에는 그 발자취를 따라가 보자."

"어떻게요?"

"태종이 나라 일을 보았던 창덕궁을 찾아가 봐야 하겠지. 조선 왕조의 왕들에 대해 자세히 알려면 그 왕들과 관계가 깊은 곳을 직접 찾아가 보는 것이 가장 좋은 방법일 거다. 가족 소풍을 겸해서 말야."

"와, 정말 그게 좋겠어요."

아빠 말씀에 하나와 하늘이는 만세를 불렀습니다.

"실제로 찾아가 보면서 이야기를 늘으면 이해도 잘 될 거예요."

엄마도 즐거워하셨습니다.

하나네 가족의 역사 찾아가기는 이렇게 시작되었습니다.

제3대 태종

부처님오신날을 맞아 하나네 가족은 창덕궁으로 역사 찾아가기를 겸한 나들이를 갔습니다.

"얘들아, 우선 비원으로 가서 점심부터 먹자."

엄마가 앞서 달려가는 하늘이와 하나를 불러 세웠습니다.

"그래, 배가 든든해야 구경을 제대로 하지."

아빠도 엄마 말씀에 찬성하였습니다.

"아빠, 이럴 때를 두고 금강산도 식후경이라

고 하는 거예요."

하나의 말에 식구들은 한바탕 웃음을 터뜨렸습니다.

비원 풍경은 정말 아름다웠습니다. 금방이라도 옛 왕비와 궁녀가 한가롭게 뜰을 거닐 것만 같았습니다. 하나네 가족은 벤치에 앉아 집에서 마련해 온 김밥을 맛있게 먹었습니다.

처음에 세워진 궁궐 건물들은 임진왜란 때 불타 없어지고, 지금의 인정전, 선정전, 소덕전과 여러 전각 그리고 돈화문 등은 나중에 지은 것입니다.

인정전 앞에서 걸음을 멈춘 하나가 아빠에게 물었습니다.

"아빠, 여기서 임금님이 조회를 보셨겠네요?"

"그럼, 바로 이 품계석 앞에 벼슬아치들이 늘어서서 조회를 봤단다."

"품계석이 뭐예요?"

창덕궁 인정전

"낫 놓고 기역자도 모른다는 말은 너를 두고 하는 말이야. 아빠가 가리키는 돌들을 보고도 몰라?"

하늘이가 하나를 약올렸습니다.

"그럼, 어디 하늘이가 품계석에 대한 설명을 해보렴."

아빠 말씀에 하늘이는 목에 잔뜩 힘을 주었습니다.

"벼슬아치들의 높고 낮음을 순서대로 새겨 세

운 돌입니다."

"그래, 맞다. 우리 하늘이가 정확하게 알고 있구나."

아빠는 인정전 옆에 편히 자리를 잡았습니다.

그리고 조선 제3대 태종 임금, 방원에 대한 이야기를 시작하였습니다.

"방원은 아버지 이성계를 도와 조선 왕조를 세우는 데 공이 큰 만큼 적도 많았단다. 그 중에서 제일 강한 적은 세자 방석을 모시는 정도전이었어."

"아빠, 왕자의 난 얘기를 하려는 거죠?"

하늘이가 불쑥 나섰습니다.

"우리 하늘이가 대단하구나. 언제 역사 공부를 그렇게 많이 했니?"

엄마 말씀에 하늘이는 어깨를 으쓱해 보입니다.

아빠의 이야기가 다시 이어졌습니다.

왕자의 난

정안대군 방원의 집은 손님이 끊이지 않았습니다. 그러자 백성들은 저마다 수군거렸습니다.

"조정의 세력은 정안대군 손안에 들어 있대."

"그야, 뻔하지. 대문 앞에 줄서는 사람들을 좀 봐. 모두 정안대군 편이 되려는 사람들 아니겠냐구."

그 무렵, 정도전은 남은과 머리를 맞대고 방원을 없앨 꾀를 짜내고 있었습니다.

"대감, 언제까지 정안대군을 두고만 보시렵니까? 우리 쪽에서 먼저 칼을 뽑지 않으면 당하고 맙니다."

"그러니 하루 빨리 세자께서 왕위에 오르셔야지요."

방원 쪽 사람들도 가만있지 않았습니다.

하윤이 방원을 찾아왔습니다. 겉으로는 충청도 관찰사로 가게 된 하윤이 마지막 인사를 하러 온 것처럼 보였습니다.

하지만 술상이 앞에 놓이자, 하윤은 마음 속에 담고 있었던 이야기를 술술 끄집어내었습니다.

"정도전 쪽 사람들의 움직임이 심상치 않습니다."

"짐작은 하고 있었소. 하지만 어느 정도인지 듣고

싶소이다."

"세자의 즉위를 하루라도 당길 참인가 봅니다."

"죽일 놈들! 상감께서 아직 멀쩡히 계시는데 그 따위 수작을 부려!"

방원은 두 주먹을 불끈 쥐었습니다. 하윤은 술잔을 건네며 방원을 더욱 부추겼습니다.

"그러니 대감께서 먼저 손을 쓰셔야 합니다. 이 기회를 놓치면 후회하십니다."

방원은 깊은 생각에 잠길 뿐 입을 열지 않았습니다.

"만일 세자께서 왕위에 오르시게 되면, 정도전은 첫 번째로 대감의 세력을 꺾으려 들 겁니다. 그 때는 꼼짝없이 당하고 말 것입니다."

방원은 하윤의 말에 고개를 끄덕였습니다.

"좋소. 대감이 충청도 관찰사로 떠나게 된 일은 하늘이 내게 군사를 내린 것과 다를 바 없소."

"그렇습니다. 충청도 군사를 모두 이끌고 진천에서 기다리겠습니다. 명령만 내리십시오."

이제 방원의 말 한 마디면 충청도 관찰사 하윤의 군사는 한걸음에 대궐이 있는 한양으로 밀어닥치게 되어 있었습니다. 게다가 방원은 용기와 힘이 넘치는 이

숙번을 가까이 두고 있었습니다.

이숙번은 현비를 모신 정릉을 지키는 군사의 우두머리였습니다. 그는 언제든지 방원의 명령만 떨어지면 무슨 일이든 시작할 준비를 끝내 놓고 있었습니다.

대궐에서 방원에게 급한 연락을 보내 왔습니다. 임금께서 몸이 불편하니 왕자들은 모두 대궐로 들라는 내용이었습니다. 그러나 방원은 그것이 정도전의 흉계임을 금방 알아차렸습니다.

"정도전 이 놈, 나를 죽이려고 임금까지 팔아. 이젠 더 이상 참을 수 없다!"

방원은 나라를 세울 때 공이 컸던 신하들을 불러모았습니다. 그리고 그들을 향해 외쳤습니다.

"정도전이 세자와 손을 잡고 왕자들을 모두 죽이려 합니다. 여러분, 저를 도와 정도전을 칩시다!"

마침내 방원은 군사를 일으켰습니다. 제일 먼저 정도전과 남은이 이숙번의 군사들에게 잡혀 죽고 말았습니다.

이어서 세자 방석과 왕자 방번도 죽임을 당했습니다.

대궐이 피바다가 된 이 난리를 '제1차 왕자의 난'이라 불렀습니다.

그로부터 2년 뒤, 태조 이성계의 넷째 아들 방간이 '제2차 왕자의 난'을 일으켰습니다. 이번에도 방원은 자기 군사들을 앞세워 그들을 막아 냈습니다.

이 일로 방원은 세제(임금이나 세자의 동생으로 다음에 임금을 물려받을 사람)의 자리를 얻게 되었습니다.

그 뒤 정종은 자신보다 세력이 더 커진 방원에게 임금자리를 물려주었던 것입니다.

제3대 태종 임금이 된 방원은 형님 정종을 상왕으로, 아버지 태조를 태상왕으로 모셨습니다.

때는 1400년이었습니다.

태종의 나라 사랑

태종 임금에 이르러 비로소 나라의 기틀이 잡혀 갔습니다.

"둥둥둥……!"

신문고 소리가 대궐 안까지 울려 퍼졌습니다. 누군가가 억울한 일을 알리고 있는 것입니다.

'신문고'는 대궐 앞에 달아 놓은 큰북을 일컫습니다. 태종은 억울한 일을 당한 백성은 누구나 이 북을 쳐서 알리도록 하였습니다.

"임금님께서 억울한 백성들 걱정까지 직접 들어주시다니, 고맙기도 하시지."

백성들 사이에서 임금을 기리는 소리가 높아 갔습니다.

태종은 백성들이 더욱 편히 살 수 있도록 나라의 제도를 고쳐 나갔습니다.

노비들이 물건처럼 사고 팔리는 일이 없도록 다스리는 '노비변정도감'을 두었습니다.

그런가 하면, 벼슬아치들이 벼슬자리에 머물 수 있는 기간을 정하고, 그 기간이 지나면 벼슬에서 물러나도록 하였습니다.

그리고 '호패법'이라는 제도를 만들어 사람들의 움직임을 살필 수 있게 하였습니다. 그래서 16세가 된 남자는 누구나 자기를 알리는 호패라는 것을 지니고 다녔습니다.

이렇듯 나라의 기틀이 잡히자 백성들의 신분도 새로 정해졌습니다. 양반, 중인, 상인, 천민 네 계급으로 나뉘어졌습니다. 이 신분은 한번 정해지면 자손 대대로 바뀌지 않았습니다.

첫째, 양반은 벼슬길에 나갈 수 있는 제일 높은 사람들이었습니다. 그래서 다른 일은 거들떠보지 않고 학문만 닦았습니다.

둘째, 중인은 의원, 통역관, 천문, 법률의 일을 맡아보는 사람들, 또는 각 관청에서 낮은 벼슬을 지내는 사람들이었습니다.

셋째, 상인은 농사, 공업, 상업에 종사하면서 살아가는 사람들이었습니다.

넷째, 천민은 노비, 광대, 무당, 백정 일을 하는 사람들이었습니다.

나라에서 시행하는 과거 시험에는 문과, 무과, 잡과가 있었습니다.

문과는 양반 집 아들들만 볼 수 있었으나, 무과는 낮은 벼슬아치 자손이나 농민들 자손도 볼 수 있게 하였습니다. 그리고 잡과는 기술자를 뽑았습니다.

나라에서 가장 큰 교육 기관은 '성균관'이었습니다. 이 학교에서 공부한 양반 자손들 중에서 문과에 합격한 사람이 많았습니다.

태종은 세제 때부터 왕권을 강화하려고 '육조직계

제'를 밀어 나갔습니다. 육조직계제는 의정부가 맡는 일을 작게 하고 육조가 맡는 일을 크게 하여 왕이 직접 맡아 다스리는 제도였습니다.

마침내 태종은 육조직계제를 실시함으로써 왕의 힘을 키웠습니다.

조선은 날로 발전하여 태종이 바라던 대로 왕조도 안정을 이루었습니다. 그러나 태종은 늘 마음에 걸리는 일이 한 가지 있었습니다. 그것은 아버지 태상왕으로부터 임금의 도장인 국새를 넘겨받지 못한 일이었습니다.

함흥 차사

태종은 태상왕을 모셔 오라며 차사를 보냈습니다. 그러나 명을 받고 떠난 차사는 태상왕을 모셔 오기는커녕 죽었는지 살았는지 소식조차 알 수 없었습니다.

그런데도 태종은 계속 태상왕이 머물고 있는 오대산 월정사로 차사를 보냈습니다.

여전히 차사는 돌아오지 않았습니다. 거기에는 그럴 만한 까닭이 있었습니다. 태상왕이 오대산 월정사를 떠났기 때문입니다.

　태상왕은 태종이 보내는 차사를 피해 고향 땅 함주(지금의 함흥)로 갔습니다.

　'여기까지는 차사를 보내지 않겠지.'

　그러나 태종은 끈질기게 함주까지 차사를 보냈습니다.

　"태상왕 마마, 이제 그만 노여움을 푸시고 궁궐로 돌아가시옵소서."

　"네 이 놈! 국새를 가지러 온 놈이 분명하렷다?"

　"상감 마마의 효심을 굽어살피옵소서."

　"여봐라! 당장 이 놈을 끌어내 목을 베어라."

　태상왕은 태종의 명령을 받고 찾아온 차사는 한 명도 살려주지 않았습니다.

　함주의 길목을 흐르는 강가에 지킴 막을 짓고 차사가 오는 것을 살피게 하였습니다. 그리고 태상왕은 차사로 온 사람이라면 멀리서 활을 쏘아 죽였습니다.

　그래서 차사는 한 명도 살아 돌아올 수 없었던 것입니다. '함흥 차사'라는 말도 그렇게 해서 생겨났습니다.

　그러던 어느 날이었습니다.

　"태상왕 마마, 문안 올리옵니다."

태상왕은 자신의 눈을 의심했습니다.

"아니, 이게 누군가? 박순 대감이 아니오?"

박순은 태상왕이 가장 아끼던 신하였습니다.

"마마, 잊지 않으시니 황공할 따름입니다."

"그래, 무슨 일로 이 먼 곳까지 왔소?"

그 때 망아지 울음소리가 들려 왔습니다. 박순이 한양에서 끌고 온 망아지였습니다.

"웬 망아지 울음소리인고?"

"마마!"

박순은 태상왕 앞에 넙죽 엎드렸습니다.

"애처롭게 망아지가 어미를 찾는 울음소리이옵니다."

"뭐라고! 그대도 차사로 왔단 말인가?"

"상감께서 저토록 애처롭게 태상왕 마마를 찾고 계십니다. 부디 거절 마옵소서."

"옛 정을 생각해 차마 목을 벨 순 없구나. 당장 물러가라!"

태상왕은 박순이 물러간 뒤 오랜 시간을 기다렸다가 군사를 불렀습니다.

"박순이 지금쯤 망아지를 끌고 강을 건넜겠느냐?"

"분명 건넜을 것이옵니다."
"그래, 벌써 건넜거든 그냥 보내고 만약 아직 건너지 못했으면 목을 베도록 하라."

하늘의 뜻이 잘못되었던지 불행하게도 박순은 강을 건너는 중에 목이 달아나고 말았습니다.

거북선 개발

거북선에 관한 첫 기록은 〈태종실록〉에서 찾아볼 수 있습니다. 그 글을 보면 '왕이 임진강 나루를 지나다가 거북선과 왜선으로 꾸민 배가 싸움 연습을 하는 것을 보았다'라는 구절이 있습니다.

그리고 '거북선은 많은 적과 싸우더라도 적이 해칠 수 없으니 승리한다. 그러니 더욱 단단하고 튼튼하게 만들어 전쟁에서 이기는 싸움배가 되도록 해야 한다'는 글이 씌어 있습니다.

이런 내용으로 보아 거북선은 왜구를 물리치려고 특수하게 만든 배임을 짐작할 수 있습니다.

아무튼 태종 때에 거북선이 만들어졌다는 내용으로 보아 왜구와의 바다 싸움에서 사용하려는 것이었거나 대마도를 치기 위함이었을 수도 있습니다.

민씨 형제의 죽음

　태종은 왕으로 있던 18년 동안 네 번이나 임금자리를 세자 양녕에게 넘기겠다고 말했습니다. 양녕은 어린 시절을 외가에서 보냈습니다. 그래서 양녕은 외숙부들과 아주 친했습니다.

　그 때 태종은 원경왕후와 사이가 아주 나빴습니다. 당연히 세자와 가까이 지내는 왕비의 동생 민씨 형제들도 못마땅하게 여겼습니다.

　그러던 중 태종은 세자에게 왕위를 넘겨주겠다고 발표하였습니다. 그러자 민씨 형제는 세자를 찾아가 태종에게 품고 있던 불평 불만을 쏟아 놓았습니다.

　이를 알게 된 태종은 어린 세자를 앞세워 권력을 잡으려 했다는 죄를 씌워 민무구, 무질 형제를 귀양보내고, 사약을 내렸습니다.

　그리고 민무휼, 무회 형제에게도 사약을 내렸습니다. 또 그들의 아내와 자식들은 나라 변두리로 내쫓아 버렸습니다.

떠돌이 왕자

　양녕대군은 태종의 네 왕자 중 맏이로 태어나 나중에 세자가 되었습니다. 왕자들 사이에서 임금자리 다툼이 벌어질 것을 염려한 태종은 일찌감치 맏왕자를 세자로 삼은 것입니다. 하지만 태종은 셋째 왕자인 충녕을 제일 사랑하였습니다.
　항상 공부하기를 좋아하는 충녕은 마음이 어질고 머리가 총명하였습니다.
　'임금 감으로는 세자인 나보다 충녕이 낫지.'
　그런 생각을 하게 된 세자 양녕은 일부러 정신나간 사람처럼 행동하였습니다. 대궐 밖 천한 사람들과 어울려 다니는 것을 보고 세자의 정신이 온전치 못하다는 소문이 퍼졌습니다.
　'머잖아 형님이 세자 자리를 내놓으면 세자 자리는 내 몫이 된다.'
　둘째 왕자 효령은 양녕의 나쁜 소문을 들으면서 그렇게 생각하였습니다.
　그러던 어느 날, 양녕이 효령을 찾아왔습니다.
　"나는 네 마음을 다 알고 있다."

양녕은 다짜고짜 그렇게 말했습니다.
"형님, 무슨 말씀이세요?"
"세자 자리를 탐내 봤자 소용없어."
효령은 형님 양녕이 자신의 가슴 속을 훤히 들여다

보는 것 같아 고개를 똑바로 들 수가 없었습니다.

"안됐지만, 아바마마의 마음은 충녕에게 가 있어. 사실 너보다야 충녕이 임금 감으로는 훨씬 낫지."

비로소 효령은 양녕이 일부러 정신나간 사람처럼 행동한다는 것을 알아차렸습니다.

시간이 지날수록 양녕의 그런 행동은 더욱 심해졌습니다.

마침내 태종은 세자를 충녕으로 바꾼다는 명을 내렸습니다. 그리고 얼마 뒤 세자가 된 충녕은 임금자리를 물려받았습니다. 바로 이 분이 세종 임금입니다.

"그렇게 해서 우리 역사상 가장 위대한 세종 임금이 탄생하셨단다."

아빠의 이야기는 거기서 끝났습니다. 어느새 해는 서산에 걸려 있었습니다. 빨갛게 노을이 앉은 하늘은 정말 아름다웠습니다.

"여보, 당신이 애쓴 만큼 애들에게는 좋은 하루였어요. 이런 곳에서 산 역사 공부를 했으니까요."

엄마가 아빠 옷에 묻은 먼지를 털어 주며 방긋 웃었습니다.

"아빠, 다음 세종 임금 얘기는 진짜 재밌겠어요."

하나가 말했습니다.

"그럼, 워낙 훌륭한 업적을 많이 남기신 분이니까."

"저도 집에 돌아가서 세종 임금에 대해 공부를 해봐야겠어요."

하늘이가 말했습니다.

창덕궁에서 나온 하나네 식구들은 집으로 향하는 버스에 올랐습니다. 창 밖으로 내다보이는 창덕궁의 모습이 너무도 평화로웠습니다.

10월 9일 한글날입니다. 여주에 있는 세종대왕의 능에서 기념 백일장이 열리는 날입니다. 하늘이가 학교 대표로 참가하게 되었습니다. 마침 일요일이어서 아빠 차를 이용해 가족 모두 가기로 하였습니다.

"하나야, 한글을 만드신 분이 누구지?"

운전을 하면서 아빠가 물었습니다.

"세종대왕."

하나는 얼른 대답했습니다.

"오늘 가는 곳이 그 세종대왕의 능이야. 영릉이라고 부른단다."

"그럼 하나야, 세종대왕의 모습을 어디서 볼 수 있는 줄 아니?"

이번에는 엄마가 물었습니다.

하나가 우물쭈물하는 사이에 하늘이가 얼른 끼여들었습니다.

"만 원짜리 돈이에요."

하늘이가 큰소리로 대답하였습니다.

"오빠는 용돈으로 만 원을 받으니까 알지만 나는 친 원짜리밖에 모른단 말야."

옛 영릉 석물

하나의 볼멘 소리에 식구들은 웃음을 터뜨렸습니다.

영릉에는 많은 사람들이 와 있었습니다.

한글날을 기념하여 열리는 글짓기 대회에 참가한 학생들과 가족들입니다.

오빠가 글짓기를 하는 동안, 하나는 엄마 아빠와 함께 능을 둘러본 뒤 잔디밭에 앉아 쉬었습니다.

"오늘은 우리 하나에게 들려 줄 얘기가 참 많구나."

아빠 말씀에 하나의 눈이 초롱초롱 빛납니다.

"하나야, 우리 집 정원의 사과나무에 열리는 사과의 크기나 모양도 많이 다르지? 그 사과 중에서도 유난히 붉고 탐스러운 것이 있잖니. 세종대왕은 바로 그런 임금님이란다. 조선 시대뿐 아니라 우리 역사에서 가장 훌륭한 업적을 남긴 임금님이야."

"아빠, 세종대왕은 공부를 잘 하셨나 봐요?"

"그렇단다. 세종은 태어날 때부터 총명한 데다가 공부하기를 아주 좋아했단다. 왕자로 있을 때 너무 공부에 매달려 병이 나자 아버지 태종이 방에 있는 책을 모두 거두어 간 적도 있었어. 세종이 그처럼 훌륭한 업적을 남길 수 있었던 건 쉬지 않고 열심히 공부한 덕분이었지. 셋째아들이면서도 왕위에 오를 수 있었던 것도 그 때문이란다."

세종은 태종의 셋째아들입니다. 다음 왕위를 이을 세자가 될 수 없었습니다. 맏이 양녕이 세자의 자리에 있었습니다. 그런데 양녕이 책읽기를 게을리 하고 노는 데에만 정신이 팔려 있자, 태종은 마침내 셋째 충녕을 세자로 삼았습니다. 그 충녕이 바로 세종입니다.

태종은 처음부터 총명하고 어질고 형제간의 우애도 깊은 충녕에게 왕위를 물려주고 싶어했습니다. 태종은 일찍부터 충녕의 똑똑함을 알고 있었고, 충녕이 임금이 되어야만 자신이 애써 닦아 놓은 나라의 기틀을 더욱 굳건히 할 수 있으리라 믿었습니다.

태종의 소원대로 세종은 1397년에 임금이 되었습니다.

세종은 어느 임금들보다 크고 높은 학자였으며 발명가요, 뛰어난 정치가였습니다.

훌륭한 인격을 지녔을 뿐만 아니라 학문이 깊고, 역

사와 문화에 대해서도 많은 관심을 쏟았습니다.

　자신이 정한 목표를 끝까지 밀고 갈 만큼 의지도 굳었고, 새로운 것을 연구하여 만들어 내는 재능도 뛰어났습니다. 거기에다 백성을 가르치고 일깨우려는 마음이 무엇보다 컸습니다.

　"아빠, 세종대왕이 왕위에 오른 건 정말 잘된 일이군요?"

　"그럼, 우리 나라가 잘 되려니까 그런 분이 나오셨지. 우리 딸에게 위대한 세종대왕의 이야기를 해 주고 있는 이 아빠도 신나는구나."

　아빠의 얼굴에 환한 미소가 피어오릅니다.

　"우리 하나도 자라면 오빠처럼 중학생이 되겠지? 너희들이 그렇게 자라는 것처럼 세종대왕은 우리 나라의 문화를 초등 학생 수준에서 중학생 수준으로 계속 발전시켰던 분이야."

　옆에 앉아 계시던 엄마가 하나의 손을 꼭 잡아 줍니다.

"세종대왕이 정말 훌륭한 분이셨다는 걸 알았어요."

"우리 하나도 벌써 역사를 알게 되었구나."

엄마와 아빠는 대견스럽게 하나를 쳐다보며 웃으셨습니다.

세종대왕의 업적

"아빠, 세종대왕이 하신 일은 어떤 것들이에요?"

하늘이가 씩씩하게 물었습니다.

"그래, 세종의 업적을 하나가 알기 쉽도록 아빠가 몇 가지로 나누어 보마."

"아빠 잠깐만요."

하나가 재빠르게 연필과 공책을 챙깁니다.

"적으면서 들을래요."

"하하, 우리 하나가 이렇게 꼼꼼한 면이 있는 줄 몰랐구나."

세종대왕 동상

아빠가 유쾌하게 웃으셨습니다.

"만약에 한글이 없었다면 우리는 얼마나 불편했을까?"

엄마가 먼저 입을 열었습니다.

"음, 일기도 못 쓰고, 공책에 글씨도 못 쓰

죠."

하나가 얼른 대답하였습니다.

"그래, 세계에서 우리의 한글을 따를 만한 글자가 없단다. 가장 자랑스러운 소리글이지."

"소리글?"

하나가 고개를 갸우뚱합니다.

"말을 할 때 그 말의 소리가 나는 대로 쉽게 적을 수 있는 글이지."

아빠가 설명해 주셨습니다.

세종의 업적은 한두 가지가 아닙니다.

우선 우리의 문자인 '훈민정음'을 만든 것을 맨 먼저 꼽을 수 있습니다.

그리고 백성들이 넉넉한 생활을 할 수 있도록 농업을 발달시키고, 왜구의 본거지인 대마도를 쳐부수기도 했습니다.

안과 밖으로 국방을 튼튼히 하고 우리의 영토를 넓히기도 하고, 여러 가지 발명품을 만들어 과학 기술을 발전시키기도 했습니다.

그것만이 아닙니다. 나라의 음악인 '아악'을 바로잡기도 하였습니다.
그 밖에도 유학을 북돋우고, 새로운 법을 폈으며, 백성들의 도덕심을 일깨우는 등 정치, 경제, 문화, 국방에 걸쳐 두루 뛰어난 업적을 남겼습니다.

"이제부터 하나하나 살펴보도록 하자."
"백일장이 끝나고 하늘이가 오면 함께 들려주는 게 어떻겠어요?"
엄마가 시계를 보며 물었습니다.
"그래, 그게 좋겠군."
"제가 오빠 있는 데를 갔다 올게요."
하나는 얼른 일어나 백일장이 열리는 곳으로 뛰어갑니다.
많은 오빠와 언니들이 글짓기에 여념이 없었습니다. 마치 과거 시험을 보고 있는 것 같았습니다. 옛날, 과거 시험에는 남자만 참가할 수 있었습니다.

저쪽으로 오빠 하늘이가 보였습니다.

"오빠……."

반가워서 오빠를 부르려다 하나는 입을 다물었습니다. 오빠는 열심히 글을 쓰고 있었습니다.

하나는 돌 위에 얌전히 앉아서 오빠를 기다렸습니다. 한참 뒤에야 오빠는 고개를 들고 하나를 바라보았습니다. 그리고 자신 있다는 표정으로 활짝 웃습니다.

하나와 하늘이는 손을 잡고 엄마, 아빠가 계시는 곳으로 뛰어갑니다.

"그래, 무엇에 대해서 썼니?"

아빠가 먼저 물었습니다.

"나라말의 사랑에 대해 썼어요."

"잘했구나. 어떤 내용으로 썼는지 말해 줄 수 있겠니?"

"대강 이런 뜻으로 썼어요."

오빠는 점잖게 앉아 자신이 썼던 글을 설명하

기 시작합니다.

'아기가 태어나서 우는 첫 울음은 세계 어느 나라의 아기나 똑같지만 자라면서 처음으로 엄마를 부르는 소리는 각각 다르다. 우리말 우리글이 없었다면 그것을 어떻게 표현할 수 있을까. 나라말은 곧 어머니의 젖이요, 우리는 그 젖을 먹고 자라나 마침내 자신의 뜻과 생각을 밖으로 드러내 보일 수 있다. 따라서 나라말을 사랑하지 않는 것은 어머니를 버리는 것과 같다. 어머니를 버리는 것은 자신을 버리는 짓이다. 우리는 한글을 어머니처럼 사랑해야겠다.'

"잘 썼구나, 우리 하늘이."

엄마가 하늘이의 어깨를 감싸안았습니다. 하늘이는 머리를 긁적이며 방긋 웃었습니다.

"세종대왕에 대해 공부를 열심히 하더니 멋진 글을 써냈구나. 하지만 하늘아, 엄마만 사랑하지 말고 이 아빠도 함께 사랑해 다오."

아빠의 말에 온 가족이 웃음을 터뜨렸습니다.

훈민정음 창제

"자, 그럼 훈민정음이 어떻게 만들어졌는지 살펴보도록 하자. 훈민정음이란 우리가 쓰는 한글을 말한다는 건 이미 알았지? 만약 한글이 만들어지지 않았다면 오늘의 백일장이 어떻게 열렸겠니? 그리고 우리 하늘이도 멋진 생각을 해 낼 수 없었을 거야."

"아빠, 그럼 한글이 만들어지기 전에는 자기 뜻을 어떻게 나타냈어요?"

하나가 아까부터 궁금해 하던 것을 물었습니다.

"좋은 질문이구나. 한글이 만들어지기 전에는 어려운 중국의 한자를 빌려다 썼단다. 한문이 얼마나 어려운가는 너희들도 잘 알겠지? 불편한 점이 한두 가지가 아니었단다. 특히 한문을 모르는 일반 백성들은 자기 생각을 글로 나타낼 수가 없었지. 물론 책도 읽을 수 없었단다."

세종은 백성들이 자신의 뜻을 글로 나타낼 수 없는 것을 무엇보다 안타깝게 여겼습니다.

그 불편을 덜어 주기 위하여 쉬운 우리글을 만들기로 했습니다. 그것이 곧 한글의 발명입니다. 그리고 그것을 '훈민정음 창제'라고 합니다.

세종은 훈민정음을 널리 펴면서 만든 뜻을 이렇게 밝히고 있습니다.

'우리 나라의 말이 중국과 달라서 한자로는 통하지 아니하므로 어리석은 백성이 말하고자 할 바가 있어도 끝내 제 뜻을 펼 수 없는 사람이 많으니라. 내가 이를 딱하게 여겨 새로 스물여덟 글자를 만드나니, 사람마다 쉽게 익혀 날마다 쓰기에 편하게 하고자 할 뿐이니라.'

"이것만 보아도 세종이 백성을 얼마나 사랑했는지 알 수 있지. 또 백성들의 불편을 덜어 주려고 얼마나 애썼는지도 읽을 수 있고. 그렇다면 훈민정음이란 뜻이 무엇인지 하늘이가 말해 보렴."

"'백성을 가르치는 바른 소리'라는 뜻입니다."

하늘이가 똑똑하게 대답합니다.

"그래, 바로 그거야. 백성들을 가르치기 위해서 세종대왕은 한글을 만드셨던 거야. 누구나 쉽게 배워 쓰게 하고 싶으셨던 거지. 그래서 우리의 자랑스런 한글이 탄생된 거란다. 한글이 나오자 한문으로 쓰여 있던 갖가지 책을 한글로 쉽게 풀어서 찍어내어 백성들을 많이 깨우치게 했단다."

"백성을 사랑하고 겨레의 앞날을 내다본 생각이 큰 열매를 맺은 셈이군요."

하늘이가 어른스레 대꾸했습니다.

"아, 역시 중학생이라 다르구나. 저러니까 나라말의 사랑에도 그렇게 장한 생각을 할 수 있었지."

"그럼 한글을 세종대왕 혼자서 만드셨어요?"

하나가 얼른 나서서 물었습니다.

"하나가 좋은 질문을 했구나. 이제 그걸 설명할 참이었단다."

훈민정음의 창제는 세종의 큰 뜻과 노력으로 이루어졌지만 집현전 학사들의 도움 없이는 어려운 일이었습니다.

'집현전'이란 조선 초에 궁중에 두었던 관청입니다. 재주 있고 몸가짐이 바른 젊은 학자들을 뽑아 집현전의 학사로 삼았습니다. 그리고 여러 방면에 걸쳐 마음 놓고 연구할 수 있도록 보살폈습니다. 세종 때의 수많은 업적이 이 집현전에서 나왔다고 할 수 있습니다.

집현전 학사들은 세종의 보살핌 속에 어학, 사상, 역사, 천문, 지리, 의학 등을 연구했습니다. 그리고 나라를 다스리고 백성을 돌보는 데 필요한 여러 가지 책을 펴냈습니다. 그 집현전의 업적 중에 가장 위대한 것이 바로 훈민정음 창제입니다.

세종은 따로 '정음청'을 두고 정인지, 성삼문, 신숙주, 최항 같은 학사들과 더불어 연구를 거듭한 끝에 마침내 세계에 자랑할 만한 문자를 발명해 낼 수 있었습니다.

"집현전 학사들 중에는 훈민정음 창제를 반대한 사람이 있었다던데요?"

하늘이가 아는 척을 했습니다.

"그래, 최만리 같은 사람들이 완강하게 반대를 했지."

"왜요?"

하나의 눈이 동그래졌습니다.

"그들은 오직 한자만이 훌륭한 글자라며 반대했단다."

최만리 등은 한문만이 참된 글이라 하여 '진서'라 하고 훈민정음은 상스런 말이라 하여 '언문'이라 부르면서 반대했습니다. 그러나 세종은 그들을 이렇게 타일렀습니다.

"새 글자는 쉽고 간단하여 누구나 널리 쓸 수 있다. 총명한 사람이면 한나절이면 다 알 수 있고, 둔한 사람도 열흘이면 제대로 배울 수 있다."

마침내 세종은 이들의 반대를 물리치고 훈민정음 28자를 완성시켰습니다. 그리고 좀더 다듬기 위하여 3년 동안 발표를 미루다가 1446년 9월 29일(양력 10월 9일)에 마침내 세상에 널리 알렸습니다.

"그러니까 바로 오늘, 세계에서 가장 우수한 글자의 하나로 일컬어지는 한글이 세상에 태어난 셈이란다."

"아빠, 오늘은 정말 뜻깊은 날이군요."

하나는 몹시 감격한 얼굴입니다.

"그래서 오늘 백일장도 열린 것 아니냐."

"그런데 세종대왕은 스물여덟 자를 만드셨는데 지금 우리가 쓰는 글자는 스물네 자잖아요?"

하늘이가 다시 물었습니다.

"그래, 본래는 닿소리 17자, 홀소리 11자로 되어 있었으나, 현재 닿소리 3자와 홀소리 1자는 쓰이지 않고 있단다. 그것에 대해서는 앞으로 더 자세히 공부해서 알아보도록 하자."

농업의 발달

점심때가 되었습니다. 엄마가 준비해 온 도시락을 꺼내 놓고 식구들 모두 빙 둘러앉았습니다. 하나와 하늘이는 벌써부터 침을 꿀꺽 삼킵니다. 하지만 부모님께서 먼저 젓가락을 들고 음식을 드시기를 기다립니다.

"맛있구나."

아빠와 엄마가 먼저 음식을 잡수시고, 하늘이와 하나도 맛있게 식사를 하기 시작합니다.

"하나야, 우리가 이렇게 흰쌀밥을 먹을 수 있는 게 누구 때문이지?"

"시골에서 농부들이 농사를 잘 지었기 때문이에요."

"그래, 맞다. 그런데 농부들이 농사를 잘 지을 수 있게 된 것도 거슬러 올라가면 세종의 공이 크단다."

하나의 눈이 다시 초롱초롱해집니다.

"세종은 농민들이 과학적으로 농사를 지을 수 있도록 누구보다도 애쓴 분이란다. 훈민정음으로 백성을 가르치고 일깨우려 한 것과 마찬가지야. 그래서 농사에 관한 책을 많이 펴냈어. 그 덕택에 세종 때에 와서 농업 기술이 놀랄 만큼 발달하고 백성들의 생활이 크게 나아졌단다."

조선 왕조는 백성들의 생활을 넉넉하게 하기 위하여 무엇보다도 농업에 큰 힘을 쏟았습니다. 옛날에는 백성들의 대부분이 농민이었습니다.

고려 말부터 버려진 땅을 일구어 논밭을 만드는 일이 시작되어, 조선 초에는 농사 지을 땅이 크게 늘어났습니다. 세종은 그 땅에 농사를 잘 지을 수 있도록 집현전 학사들에게 농업에 관한 책을 펴내도록 했습니다.

그 때에 나온 책이 유명한 〈농사직설〉입니다. 이 책은 농사에 경험이 많은 농부들의 이야기를 직접 듣고 엮은 것입니다. 그 책이 나오기 전까지는 중국 책에 실린 기술을 그대로 따르다가 드디어 우리 나라에 알맞은 농업 기술을 새로이 만들어 낸 것입니다.

농사란 날씨와 환경에 따라서 씨를 뿌리고 가꾸어야 풍작을 이룰 수 있습니다. 그 책은 그 점을 충분히 잘 가렸습니다.

세종은 〈농사직설〉에 쓰인 설명대로 손수 겪어 보기 위해 경복궁 뒤뜰을 갈아 농사를 지어 보았다고 합니다. 그 결과 많은 곡식을 거둘 수 있었다고 합니다.

세종은 그 책을 여러 지방으로 보내 더 나은 기술로

농사를 짓게 했습니다. 그래서 농민들은 지금껏 거두었던 양보다 더 많은 곡식을 추수할 수 있게 되었습니다. 백성들의 생활이 안정될 수 있었던 것도 모두 그 덕분이었습니다.

"세종이 훈민정음을 만든 건 그 때문이기도 하였단다. 아무리 훌륭한 책이라도 한문을 모르는 농민들에게는 아무 소용이 없을 테니까. 그리고 뒤에 말하겠지만, 세종 때 천문학이며 과학이 눈부시게 발전하게 된 것도 농사와 깊은 관련이 있단다."

"아빠, 그럼 이 도시락도 세종대왕을 생각하며 먹어야겠네요?"

하나가 우물거리며 아빠를 쳐다보았습니다.

"그래, 우리 세종대왕께 감사합니다, 인사하고 맛있게 먹자."

엄마 말씀대로 모두 고맙습니다, 큰소리로 말하며 소리내어 웃었습니다.

대마도 정벌

점심 식사를 맛있게 끝낸 뒤에 가족들 모두 능 안을 구경하였습니다.

"너무 얘기만 해서 지루하지 않니?"

아빠가 하나의 어깨를 감싸안으며 물었습니다.

"아니에요, 아빠."

"그렇다면 다행이구나. 세종의 얘기는 너무도 많아서 이렇게 하지 않으면 반도 들려 줄 수 없단다. 대신, 이번에는 통쾌한 얘기를 들려 주마."

"뭔데요?"

하나가 고개를 들고 아빠를 쳐다봅니다.

"하나야, 아빠가 저번에 왜구에 대해서 설명해 주었지?"

"네, 우리 나라를 못살게 굴던 일본 도적 떼예요. 태조 이성계도 그들을 무찔렀다고 했어요."

"그래, 그들은 고려 때부터 우리 나라 바닷가에 떼를 지어 나타나 재물을 빼앗아 갔단다. 그 왜구들을 쳐부순 일이야. 역사에서는 그것을 '대마도 정벌'이라고 한단다."

세종이 임금이 된 해였습니다. 왜구의 배 수십 척이 비인현(지금의 충남 서천군)에 침입하여 우리 배를 불태우고 재물을 빼앗아 가는 사건이 일어났습니다.

뒤이어 황해도 연평곶에도 왜구들이 나타났습니다.

"왜구의 본거지인 대마도를 쳐야 합니다."

조정에서는 대마도를 쳐야 한다는 쪽으로 의견이 모아졌습니다.

대마도 정벌에 나선 것은 한 달 뒤였습니다.

이종무가 삼군도체찰사로 총지휘를 맡았습니다. 군사가 1만 7천여 명이나 되었습니다.

우리 군사가 대마도에 들이닥치자 왜구들은 변변히 맞서지도 못하고 도망쳤습니다. 우리의 군사들은 그들이 버리고 간 배를 모두 불사르고 적의 소굴을 깡그리 불태웠습니다.

왜구를 무찌르는 일은 계속되었습니다. 또한 잡혀가 있던 우리 동포와 중국인들을 무사히 구출하기도 했습니다.

우리 군사는 이 싸움에서 큰 승리를 거두었습니다.

"우리를 살려 주십시오."

살아남은 왜구들은 애원했습니다.

"좋다, 다시는 조선에 쳐들어오는 일이 없도록 해라."

우리 측 군사들은 왜구의 청을 받아들이고 군사를 거두어 대마도를 떠났습니다.

대마도 정벌은 고려 말부터 계속된 근심거리 하나를 덜게 된 것이었습니다.

그 뒤에 대마도를 다스리는 대장은 우리 조정에 충성할 것을 맹세하였고, 조정에서도 그들이 자유로이 들어와 장사할 수 있는 길을 열어 주었습니다.

"왜구들이 바다에 나가 없는 틈을 타서 그들의 소굴을 쳐부순 셈이군요."

하늘이가 말했습니다.
"그렇지."
"왜구들이 까불다가 아주 혼이 났군요."
하나는 어느새 신이 나 있습니다.
"그럼. 그 뒤부터는 왜구들이 떼지어 나타나는 일은 사라졌단다. 그들에게 우리의 강한 모습을 보여 준 셈이지."

6진 개척

백일장이 열렸던 왕릉 안은 아직도 복잡합니다.
심사 위원들은 글짓기 작품들을 가려 뽑고 있는 중이었습니다.
"오빠가 뽑혔으면 좋겠다."
하나가 가만히 엄마 귀에 대고 속삭입니다.
"잘 썼으니까 기대해도 되겠지?"
엄마도 가만히 속삭입니다.
"떨어져도 너무 실망할 것 없다. 자기 생각을

거짓 없이 표현했으면 돼. 내가 시조 한 수를 들려 주마."

아빠가 하늘이의 어깨를 다독이며 시조 한 수를 읊었습니다.

삭풍은 나무 끝에 불고 명월은 눈 속에 찬데
만리 변성에 일장검 짚고 서서
긴 파람 큰 한 소리에 거칠 것이 없어라.

"그거 아빠가 지은 거예요?"
하나가 물었습니다.
"아냐. 이게 누구의 시조인 줄 하늘이는 알겠니?"
아빠가 하늘이를 바라보았습니다.
"그건 잘 모르겠는데요."
"김종서가 두만강 부근에 진을 만들 때 읊은 거란다. 장수의 늠름한 기상이 얼마나 잘 나타나 있느냐."

"아빠, 진이 뭔데요?"

하나가 호기심이 가득 찬 눈으로 물었습니다.

"응, 진이란 군사를 머물게 하여 지키는 곳을 말한단다. 우리 나라 땅이란 걸 확실히 표시하는 곳이었지."

"두만강 부근에 왜 진을 만들었어요?"

"그래, 좀더 알아보도록 하자."

두만강 언저리는 일찍이 태조 이성계의 아버지 이자춘이 활약하던 곳으로 태조의 고향입니다.

그 곳은 또 태조가 젊은 시절에 고려의 장수로 홍건적을 맞아 공을 세웠던 곳이기도 합니다.

그래서 조선의 조정에서는 특별한 관심을 기울였지만, 태조 때만 해도 완전히 손에 넣지 못했습니다.

두만강 언저리에는 예로부터 야인이라 불리는 여진족이 버티고 있어서 이들을 막는 데 무척 애를 먹었습니다. 이들도 왜구처럼 틈만 나면 우리 땅으로 들어와서 노략질을 일삼았기 때문입니다.

마침 여진족이 자기 부족끼리 다투게 되었습니다.

세종은 그 틈을 타서 그들의 세력을 두만강 밖으로 완전히 몰아내고 그 곳에 진을 차리기로 했습니다. 그것을 '6진 개척'이라고 부릅니다.

6진 개척은 함길도 도절제사 김종서에 의해 진행되었습니다. 그래서 회령부와 경원부가 먼저 세워졌습니다.

그 뒤를 이어 경흥부, 종성부, 온성부, 부령부가 세워졌습니다.

이로써 6진이 모두 개척되었습니다. 그것은 우리의 영토를 넓히는 일이었습니다.

그러자 세종은 그 땅에 우리 백성이 옮겨가 살도록 했습니다.

아무리 강한 군대가 지킨다 하더라도 백성들이 없으면 야인들이 쳐들어와 빼앗기고 말기 때문입니다.

함경도 사람뿐만 아니라 멀리 강원, 경상, 전라도 사람들까지 옮겨가 살았다고 합니다.

그들에게는 벼슬을 주기도 하고, 세금을 적게 물려 편히 살 수 있도록 돌보아 주었습니다.

"이로써 두만강 남쪽이 조선 땅이 되었단다.

두만강이 국경이 된 셈이지."

"아빠, 압록강 부근에는 그런 게 없었어요?"

하늘이가 물었습니다.

"그래, 잘 지적했다. 그 곳에도 6진과 마찬가지로 여진족을 물리치고 4군을 세웠단다."

4군을 세운 것은 태종 때에 지금의 중강진 부근에 여연군을 세운 것이 처음입니다.

그 뒤 이만주라는 여진족의 추장이 부하들을 이끌고 쳐들어와 재물을 빼앗고 우리 백성들을 잡아갔습니다.

이에 세종은 최윤덕에게 군사를 거느리고 가서 오랑캐를 치도록 명했습니다.

최윤덕은 압록강을 건너가서 여진족을 크게 쳐부쉈습니다.

싸움이 끝난 후 성을 쌓고 자성군을 세웠습니다.

그 뒤에도 여진족이 자주 침입하자 무창군과 우예군을 차례로 세웠습니다. 이것을 '4군 설치'라고 합니다.

"이로써 압록강 이남의 땅이 우리 땅이 되었지. 4군 설치와 6진 개척은 우리 영토를 넓힌 훌륭한 업적으로 꼽힌단다."

"4군 설치와 6진 개척이 없었다면 우리 땅이 훨씬 좁아졌겠군요, 아빠?"

"그랬을지도 모르지."

하나는 다행이라는 듯 가슴을 쓸어내렸습니다.

과학 기술의 발전

마침내 백일장의 수상자가 발표되었습니다. 하늘이가 중등부 차상에 뽑혔습니다. 차상은 2등입니다. 1등인 장원은 아쉽게 놓쳤지만 가족 모두 기뻐했습니다.

"옛날 같으면 우리 하늘이가 과거에 급제한 것이 되는구나."

엄마가 하늘이를 안으며 웃었습니다.

"오빠, 축하해."

하나는 자기 일처럼 기뻐했습니다.

"그렇게 훌륭한 생각을 표현했으니 당연하지. 모두 우리 하늘이를 본받아 나라말을 사랑했으면 좋겠다."

아빠도 대견해 하십니다.

"지금도 집현전이 있으면 오빠는 학사가 되는 건데……."

하나의 우스갯소리에 식구들은 다시 하하, 소리내어 웃습니다.

세종대왕 능 앞에서 시상식이 벌어졌습니다.

심사 위원 선생님이 뽑힌 글에 대해 평을 했습니다. 하늘이의 글은 나라말에 대한 자기 생각을 꾸밈없이 잘 표현했다고 칭찬했습니다.

하늘이는 상장과 함께 상품으로 시계를 받았습니다.

"상품도 마음에 드는구나. 세종 때에 뛰어난 시계가 발명되었다는 것을 설명하기 쉽게 됐구나."

아빠의 이야기는 세종 시대의 과학 기술의 발전으로 자연스럽게 이어집니다.

세종 시대는 우리의 과학 기술이 활짝 꽃핀 때였습니다. 천문학에서 농학, 인쇄술까지 크게 발전했습니다. 그 중에서도 특히 천문학은 눈부실 정도로 앞서갔습니다.

세종 시대에 천문을 맡아보던 곳은 '관상감'이라는 관청입니다. 오늘의 기상대와 같습니다.

'간의대'라는 관측소를 마련하고, 관원들이 '혼천의'라는 기계로 매일 밤 천문을 살폈다고 합니다.

천문학의 발전으로 여러 가지 기구가 발명되었습니다.

혼천의

"이 때의 발명품 중에는 세계에 자랑할 만한 것이 많단다. 어디 하늘이가 말해 보렴."

"비가 내린 양을 재는 측우기는 세계에서 우리가 가장 먼저 발명했어요."

"정말이에요, 아빠?"

하나가 눈이 동그래집니다.

"그래, 맞아. 서양보다도 2백 년이나 앞섰단다."

"그 측우기를 누가 발명했는지도 알겠지?"

"장영실이에요."

하늘이가 먼저 대답하였습니다.

"그래, 장영실이야. 장영실은 조선 시대 최고의 과학자이자 기술자란다. 그는 측우기뿐 아니라 해시계, 물시계 등 많은 발명품을 남긴 사람이지."

측우기

1442년에 장영실은 세계에서 처음으로 측우기를 발명했습니다. 세종은 그것을 서울의 관상감과 8도에 마련하고 강우량을 재게 했습니다. 측우기는 농사를 짓는 데 크게 도움을 주었을 뿐 아니라 홍수를 미리 아는 데도 큰 도움이 되었습니다.

장영실은 그 밖에도 많은 발명품을 남겼습니다. 그 중에서 가장 돋보이는 것은 해시계인 '앙부일구'와 물시계인 '자격루'와 '옥루'입니다.

모양이 가마솥과 비슷한 앙부일구는 태양의 그림자로 시간을 재는 시계입니다. 정확하기가 놀라울 정도였다고 합니다. 세종은 그것을 사람들이 많이 다니는 곳에 두어서 지나다니는 사람들이 시간을 알 수 있게 했습니다.

자격루와 옥루는 물이 흐르면서 저절로 시간을 알리는 물시계입니다. 요즘으로 치자면 자명종 시계인 셈입니다. 특히 옥루는 장영실이 세종을 위하여 만들어 바친 신기한 물시계였습니다.

그것은 중국이나 아라비아의 것보다도 뛰어납니다. 1438년에 만들어져서 경복궁 경회루 옆의 흠경각이라는 데에 두었다고 합니다.

"하나야, 해시계가 있는데 왜 물시계를 만들었을까?"

엄마의 물음에 하나는 얼른 대답하지 못합니다.

"해시계는 해의 그림자로 시간을 잰다고 했지?"

"알겠어요, 밤에는 해의 그림자를 볼 수 없기 때문이겠네요."

"그래, 바로 맞췄다. 우리 하나 정말 똑똑하구나. 그래서 밤에도 흐린 날에도 시간을 알 수 있는 자격루를 만들었단다."

"장영실은 어떻게 그런 놀라운 발명을 할 수 있었을까요?"

"물론 장영실 한 사람의 힘은 아냐. 집현전 학사들이 과학 책을 연구하여 뒷받침한 덕택이지. 특히 이순지 등 천문학에 뛰어난 학자들의 도움이 컸단다. 그러나 무엇보다도 세종이 농업 기술을 북돋고 백성들의 편리한 생활을 위해 천문학에 힘을 쏟은 때문이란다."

하나는 아빠의 이야기를 듣는 동안 벌어진 입을 다물 줄 모릅니다.

아악의 정리

마지막으로 왕릉에 인사를 드리고, 하나네 가족은 집으로 돌아가기 위해 왕릉을 나섰습니다.

안전 벨트를 매자 아빠가 운전하는 자동차는 금방 부릉, 힘찬 소리를 내며 달렸습니다.

"자, 하늘이가 백일장에 뽑혔으니 축하 음악이 있어야겠지."

아빠가 카 스테레오에 테이프를 꽂습니다. 음악이 흘러 나왔습니다. 그런데 자주 듣는 요즘의 음악이 아닙니다.

"아빠, 그게 무슨 음악이에요?"

하나가 이상하다는 듯이 묻습니다.

"아악이란다."

"아악이 뭔데요?"

"조선 시대에 중요한 행사가 있을 때마다 연주하던 음악이란다. 요즘도 행사가 있을 때는 애국가를 부르잖아."

가락이 무척 엄숙합니다. 하나와 하늘이는 두 귀를 쫑긋 세우고 음악에 빠져듭니다.

"옛날에는 행사 때마다 음악을 대단히 중요하게 여겼단다. 그래서 반드시 음악과 함께 했지. 특히 궁중에서 큰 행사가 있을 때 그랬단다."

"아, 저도 텔레비전에서 본 적이 있어요. 종묘에서 제사를 드리며 여러 명의 악사들이 이 음악을 연주했어요."

하늘이가 생각났다는 듯이 무릎을 쳤습니다.

"그래, 그것을 '종묘제례악'이라고 하는데, 바로 이 음악이란다. 이 음악을 정리하신 분이 세종이야."

'아악'은 궁중 음악입니다. 고려 예종 때 중국 송나

라에서 들여와 그대로 썼습니다. 그러니 우리에게는 어딘가 맞지 않을 수밖에 없었습니다.

세종은 박연을 시켜 아악을 우리에게 맞도록 정리하게 했습니다. 그것이 바로 '아악의 정리'입니다.

박연은 조선 시대의 가장 이름 높은 음악가였습니다.

그는 세종의 뜻을 받들어 아악을 우리 소리에 맞게 정리했을 뿐 아니라 악기를 새로 만드는 일에도 힘을 쏟았습니다. 그래서 아악을 연주하는 데 가장 중요한 악기인 편경과 편종을 손수 만들었습니다. 그 전까지만 해도 중국에서 들여와 썼던 것입니다.

"세종대왕은 음악에도 재능이 있었군요."

하나는 또 한 번 놀랍니다.

"왕자 때부터 음악에 관심이 많았단다. 직접 노래도 지었지. 그래서 아악의 정리는 세종의 업적 중에서 빼놓을 수 없단다."

카 스테레오에서 아직도 아악이 흘러나오고 있습니다.

"아빠의 설명을 들었으니 잘 들어보렴."

엄마 말씀대로 하나와 하늘이는 눈을 감고 음악 감상을 합니다. 음악이 훨씬 아름답게 들립니다.

훌륭한 정승

서울에 도착하자 벌써 저녁이 되었습니다. 그러나 아무도 피로한 줄 몰랐습니다.

"우리 하늘이가 상도 탔으니 오늘 저녁은 밖에서 하는 게 어때요?"

집 가까이 왔을 때 엄마가 아빠에게 말했습니다.

"나도 그런 생각을 하고 당신 의견을 물어 볼 참이었지."

"아이, 좋아라."

하나가 손뼉을 쳤습니다.

"모두 이 오빠 덕택인 줄 알아."

하늘이가 으쓱 뽐을 냈습니다.

"모두 배고프지? 나도 많은 얘기를 해서 그런

지 정말 배가 고프구나."

음식점은 그런 대로 한가했습니다. 하나네처럼 가족들이 모여 저녁을 맛있게 먹고 있었습니다.

"아직도 할 얘기가 많이 남았다는 얼굴인데요?"

엄마가 아빠의 얼굴을 쳐다보며 웃었습니다.

"그럼. 세종의 업적을 다 살펴보려면 아직도 멀었어. 그 분은 31년간 나라를 다스리면서 정말 많은 업적을 남기셨거든."

"더 듣고 싶어요, 아빠."

"아빠 배고프다고 하셨잖아."

하늘이가 하나의 옆구리를 찔렀습니다.

"그래, 음식이 나올 때까지 세종을 도와 많은 업적을 남긴 유명한 정승의 얘기를 들려주마."

아빠는 물을 한 컵 마시고 다시 이야기를 시작하셨습니다.

"세종 시대에는 이름난 신하들이 참 많았단다. 장영실, 박연, 이종무, 김종서 등도 그렇지만, 그 중에 황희 정승이라는 유명한 분이 있었지. 조선 시대를 통틀어 으뜸가는 큰 인물로 꼽힌단다. 얼마나 올곧았던지 오늘날의 총리인 영의정을 지냈는데도 비가 새는 집에서 사셨어. 어찌나 청렴하게 사셨던지 아침저녁 끼니 걱정을 할 정도였단다. 그리고 이런 이야기도 있단다."

 황희가 젊어서 암행어사로 평안도에 내려갔을 때의 일입니다.
 늙은 농부가 소 두 마리를 끌고 밭을 갈고 있는 것을 보고 물어 보았습니다.
 "그 두 마리 소 중에 어느 소가 일을 잘 하오?"
 그러자 농부는 쟁기를 세워 놓고 황희 곁으로 와서 가만히 대답했습니다.
 "검정 소가 누렁 소보다 잘 한다오."
 황희가 이상하게 여기고 물었습니다.
 "거기서 대답해도 될 걸 왜 여기까지 나와서 귓속말로 하시오?"

"아무리 짐승인들 자기가 못났다는 소리를 들으면 좋아할 리 있겠소."

"그럼 저 소들이 말을 알아듣는단 말이오?"

"그럼요, 내가 '이랴' 하면 가고 '워' 하면 서지 않소."

그 때에야 황희는 농부보다도 생각이 짧음을 몹시 부끄럽게 여기며 자신의 가벼움을 크게 뉘우쳤다고 합니다.

"황희 정승은 너그럽고 겸손한 분이셨단다. 세종이 좋은 정치를 펼 수 있었던 것도 그가 오랫동안 영의정으로 있으면서 옆에서 도운 힘이 크다고 할 수 있지."

아빠가 말씀을 하시는 동안 식탁에는 맛있는 반찬이 차려졌습니다.

"그렇게 위대한 업적을 남긴 세종대왕은 우리 후손들에게도 큰 자랑이지. 54세에 세상을 떠나셨지만 오로지 백성을 위하여 백성이 행복하게 살 수 있도록 베푼 노력과 사랑은 아직도 많이 남아 있단다."

아빠가 이야기를 마무리하는 동안 엄마는 식탁에 숟가락과 젓가락을 가지런히 놓으셨습니다.

제5대 **문종**

일요일 아침입니다. 하나네 가족은 약수터가 있는 뒷산으로 올라갔습니다.

약수터 입구는 벌써 물을 뜨려는 사람들로 북적거립니다. 맑은 새소리가 기분을 더 맑게 해 주었습니다.

"우리 차례가 오려면 한참 걸리겠구나."

아빠는 약수터 옆에 놓여 있는 나무 의자에 걸터앉았습니다. 오빠와 맨손체조를 하던 하나가 뛰어와 아빠 곁에 앉으며 말했습니다.

"아빠, 기다리는 동안 문종 임금에 대해 말씀해 주세요."

"그럴까? 문종 임금은 몸이 약해서 임금자리를 오래 지키지 못했단다. 아마 우리 차례를 기다리는 동안 그 분에 대한 이야기를 다 할 수 있을 것이다. 세종대왕의 뒤를 이어 조선 왕조를 더욱 빛내실 분이었는데……."

아빠는 잠시 눈을 감고 생각에 잠겼습니다.

총명한 왕세자

문종 임금은 여덟 살 때 세자가 되었습니다. 그리고 29년 동안이나 오래도록 세자로 지내며 아버지인 세종대왕 곁에서 많은 일을 배우고 익혔습니다.

세종대왕처럼 문종 임금도 어릴 때부터 학문을 좋아해 학자들과 가깝게 지냈습니다.

집현전의 성삼문, 신숙주, 박팽년 같은 큰 학자들과도 깊이 사귀며 학문을 익혀 나갔습니다. 성격은 지나

치다 할 만큼 착하고 어질어서 누구에게나 칭찬을 받았습니다.

하늘의 별자리를 살피는 일을 좋아했으며, 측우기를 만들 때도 손수 일했을 정도로 과학이나 수학에도 매우 뛰어났습니다.

"세종대왕이 병으로 자리에 눕게 되자 그 때부터 문종 임금은 세자로서 섭정을 했단다."

"섭정이 뭐예요, 아빠?"

"왕의 일을 대신 맡아 하는 것을 섭정이라고 한단다. 문종 임금은 29세부터 섭정을 하면서 세종대왕이 돌아가실 때까지 8년 동안 임금이나 마찬가지로 많은 일을 했지. 세종대왕은 섭정을 하는 동안 세자에게 임금과 똑같은 대우를 받도록 했단다. 경복궁이나 창덕궁에 갔을 때, 임금이 신하들과 함께 나라 일을 보던 곳이 있었지. 생각나니?"

"경복궁의 근정전 말인가요?"

"그래, 맞다. 자세히 보면, 임금이 나라 일을 보는 곳은 모두 남쪽을 향해 앉아 있지. 옛날부터 동서남북 중에 북쪽은 가장 높은 자리라 해서 왕만이 앉을 수 있었다. 그러니까 왕은 항상 남쪽을 향해 앉아 있고, 신하는 품계석이 있는 자기 자리에 서서 북쪽을 똑바로 쳐다볼 수도 없었단다. 그만큼 왕은 높은 분이었지. 세종대왕은 세자로 하여금 왕의 자리에 앉아 일을 보도록 했단다."

"그러니까 섭정은 임금님 공부를 하는 거네요."

"공부 정도가 아니지. 아주 중대한 일을 빼 놓고는 모두 세자의 허락을 받도록 했단다. 아닌 게 아니라 문종 임금은 세자 때부터 나라 일을 거의 도맡아서 하느라 건강까지 해치게 되었단다. 세종대왕의 마지막 무렵에 이룩한 큰일들은 문종 임금이 한 것이나 마찬가지라 할 수 있지."

 문종 임금은 2년 남짓의 짧은 기간 동안 임금으로 있었지만, 〈고려사〉, 〈고려사절요〉, 〈대학연의주석〉 같은 역사책을 만들고, 조선의 정치, 제도, 문화를 바로잡는 데 많은 노력을 기울였습니다.

 특히 나라를 지키려고 국방에 힘을 많이 썼습니다.

우리 나라가 처음 생겼을 무렵부터 고려가 쓰러지기까지 여러 나라들과 싸운 이야기, 여진을 무찌른 이야기 등, 서른 번에 이르는 전쟁 이야기가 차례차례 꼼꼼하게 적혀 있는 〈동국병감〉이라는 전쟁 책을 펴내기도 했습니다.

전쟁 무기인 '화차'도 손수 만들어 전쟁이 일어나도 적을 쉽게 물리칠 수 있도록 하였습니다.

"화차요? 불자동차를 말하는 건가요?"

오빠가 물었습니다.

"바퀴 달린 수레에서 화살이나 총을 쏠 수 있도록 한 것이니 불차라고 불러도 되겠지. 화차는 우리 나라에서 처음으로 만들어진 화약 무기로서 매우 중요한 무기란다. 임진왜란이 일어났을 때 권율 장군은 행주산성에서 이 화차를 이용해 큰 승리를 거두게 되었지."

문종 임금은 세종대왕처럼 백성을 잘 보살피고 조선 왕조를 튼튼히 세우기 위해 밤낮없이 나라 일에 매달렸습니다.

　문종 임금은 신하들에게 나라를 위한 일이라면 어떤 말이든 어려워하지 말고 임금에게 말하도록 했습니다.

　그러자 신하들은 불교를 억누르고 유교를 내세워야 한다고 목소리를 높였습니다. 세종대왕은 궁궐 안에 불당을 짓고 부처님에게 열심히 기도하곤 했습니다.

　신하들은 그것이 태조가 조선을 세울 때 유교를 바탕으로 나라를 이끌어 가겠다고 세운 목표와 어긋나는 일이라고 했습니다. 문종 임금은 유교를 크게 키워야 한다는 신하들의 뜻을 받아들였습니다.

　"이렇게 문종 임금은 신하들의 말에 귀를 기울이며 나라 일을 잘해 나갔단다. 신하들은 문종 임금이 세종대왕이 이룩해 놓은 여러 가지 훌륭한 일을 문제없이 이어나가리라 생각했지. 그런데 안타깝게도 문종 임금은 왕위에 오른 지 불과 2년 3개월 만에 세상을 뜨고 말았단다."

세자에 대한 걱정

문종 임금이 죽자 왕위를 이어받을 세자의 나이는 겨우 열두 살밖에 안 되었습니다. 세자는 또한 세종대왕이 각별히 아낀 손자이기도 했습니다.

어느 날 세종대왕은 어린 손자를 안고 궁궐의 뜰을 거닐다가 집현전의 신하들을 만났습니다.

병이 든 세종대왕은 아들 문종의 몸이 너무 약해 어린 손자가 몹시 걱정되었습니다. 그래서 집현전의 신하들에게 어린 손자를 잘 보살펴 달라고 부탁했습니다.

문종 또한 세상을 떠나기 전에 세자를 불러 자신이 어렸을 때부터 가깝게 지내 왔던 집현전 학사들에게 절을 하도록 했습니다.

학사들은 세자의 절을 받고 쩔쩔매며 영문을 몰라 했습니다.

"왕세자는 잘 들어라. 이제 앞으로 네가 왕위에 오르면 여기 계신 이 학사들의 도움을 많이 받을 것이다. 여러분도 부디 우리 어린 세자를 잘 섬겨서 이 나라 조선을 잘 이끌어 갈 수 있도록 해 주시오."

집현전 학사들은 죽음을 각오하고 세자를 모실 것

을 임금 앞에서 맹세했습니다.
 문종은 곧 세상을 떠나고 뒤를 이어 세자가 임금자리에 올랐습니다. 때는 1452년이었습니다.

 "문종 임금님 마음이 얼마나 아팠을까."

하나는 고개를 힘없이 끄덕였습니다.

"세종대왕의 뒤를 이어 조선 왕조를 더욱 빛내실 분이었는데……."

아빠의 목소리에도 힘이 없습니다.

하나네 가족은 강원도 영월로 여행을 떠났습니다. 문종에 이어 조선 왕조의 제6대 임금이 된 단종이 귀양을 간 곳이기 때문입니다.

영월의 청령포라는 곳이 단종이 귀양을 와서 살던 곳이었습니다.

"봐라. 이 청령포는 강물이 빙 둘러 흐르고 한 쪽은 높은 절벽이지? 마치 섬 같아서 귀양지가 된 거야."

아빠는 배 안에서 그렇게 말씀하셨습니다.

"저 소나무 숲속에 갇혀 있었던 셈이군요."

엄마가 고개를 끄덕였습니다.

"저기에 귀양 와 있다가 죽을 때 나왔지. 여길 보고 나서, 단종이 묻힌 장릉에 갑시다. 영월에 귀양 와서 죽었기 때문에 능이 영월에 있어요. 단종은 슬픈 일을 많이 겪은 왕이지."

아빠는 한숨을 쉬었습니다.

"한숨까지 쉴 건 뭐 있어요?"

엄마가 한마디 했습니다.

"사육신을 생각해 봐요. 예전에 노량진 언덕에 있는 사육신의 무덤에 샀던 때를 기억해 봐요."

아빠는 엄마에게 다정하게 말했습니다.

"아빠, 사육신이 뭐예요? 그리고 엄마랑 언제 거길 갔어요?"

하나는 궁금한 것이 너무 많습니다.

"거기 간 건 너를 낳고 얼마 뒤였어. 그러니까

너는 모르지."

엄마는 웃는 얼굴로 대답하셨습니다.

하나네 가족은 소나무 숲속에 있는 단종이 살던 집 앞으로 갔습니다.

"하나는 사육신이 뭐냐고 했지? 사육신에 대해 이야기하자면 먼저 단종이 임금자리에서 쫓겨난 일부터 이야기해야 한단다."

계유정난

단종은 문종의 외아들이었습니다. 문종이 세상을 떠나고 단종이 임금이 되었을 때의 나이는 겨우 열두 살이었습니다.

조선 왕조 때는 임금이 스무 살이 안 되면 궁중에서 가장 높은 왕비가 '수렴청정'을 하게끔 되어 있었습니다.

수렴청정이란 임금의 뒤에 발을 드리우고 그 뒤에 앉아서 임금 대신 나라 일을 돌보는 것을 말합니다.

그런데 그 무렵에는 수렴청정도 할 수 없었습니다. 할아버지인 세종 임금의 왕비도 세상을 떠나고, 아버지인 문종 임금의 왕비도 세상을 떠나고 없었기 때문입니다.

단종은 임금이 되기는 했지만, 어려서 나라 일을 돌볼 수가 없었습니다. 그래서 모든 나라 일은 여러 곳에서 나누어 맡아 했습니다.

단종은 능력이 없었기 때문에 신하들이 하자는 대로 할 수밖에 없었습니다.

나라 일은 황보인, 김종서 같은 신하들의 몫이었습니다. 이들 신하들은 문종이 세상을 떠나면서 어린 단종을 잘 보살펴 달라고 부탁한 사람들이었습니다.

신하들의 힘이 강해지자 세종의 아들들이 불만을 터뜨렸습니다.

세종의 아들들이란 문종의 동생들이며 단종의 작은아버지들이었습니다.

이들 가운데 수양대군과 안평대군이 가장 힘이 셌습니다.

단종은 어릴 때 할아버지인 세종의 귀여움을 독차지하고 자랐습니다.

일찍이 세종은 혹시 나쁜 일이 일어날까 봐 집현전 신하들에게 어린 손자의 앞날을 잘 부탁한다고 말한

적이 있었습니다. 그런데 그 나쁜 일이 단종에게 닥치고 있었던 것입니다.

　수양대군은 황보인과 김종서가 안평대군 쪽에 모여드는 것을 보고 이들을 없애기로 마음먹었습니다. 그리하여 한명회, 권남의 꾀에 따라 먼저 김종서를 없애고, 황보인을 비롯한 여러 신하들을 왕궁에 불러들여

처치해 버렸습니다.

이들에게는 안평대군을 임금자리에 앉히려고 한다는 죄를 뒤집어씌웠습니다.

그리고 안평대군도 없앴습니다. 이것을 '계유정난'이라고 합니다.

"수양대군은 무서운 사람이에요."

하나는 몸을 떨며 말했습니다.

"그래. 김종서는 세종 때 북쪽의 여진족을 무찔러서 큰공을 세운 사람이었어. 그리고 많은 사람들의 우러름을 받았지."

"그런 훌륭한 분을 왜 죽였어요?"

하나가 안타까운 표정을 짓습니다.

"수양대군은 김종서가 안평대군을 임금으로 세우려 해서 죽였다고 단종에게 알렸단다."

"어린 단종은 몹시 두려웠을 것 같아요."

하늘이가 말했습니다.

"그래, 단종은 너무도 두려워서 수양대군에게

매달리며 애원했다는구나. 작은아버지, 저를 살려주세요, 하고."

"수양대군은 염려 말라고 단종을 안심시킨 뒤 신하들을 궁궐로 불러들였단다. 그리고 자기 편이 아닌 신하들을 마구 없애 버렸던 거야."

"계유정난이란 끔찍한 일이었군요."

하늘이가 얼굴을 찡그렸습니다.

"그렇게 해서 수양대군은 나라를 자기 마음대로 하게 되었지."

이징옥의 반란

그 때 나라의 북쪽 변두리인 함길도를 지키던 이징옥이라는 장수가 있었습니다.

그는 본래 김종서를 믿고 따르던 사람이었습니다. 수양대군이 그를 그냥 놔둘 리가 없었습니다. 그래서 박호문이라는 사람을 보내 이징옥의 벼슬을 대신 잇게 했습니다.

그러나 이징옥은 함길도로 온 박호문을 없애 버렸

습니다. 그리고 반란을 일으켰습니다.

　이징옥은 군사를 모아 수양대군을 칠 준비를 했습니다. 그는 힘을 더 키우기 위해 대금이라는 나라를 세우고 스스로를 황제라고 일컬었습니다. 황제란 작은 나라의 왕보다도 더 큰 임금이라는 뜻이었습니다.

　수양대군도 그 소식을 들었습니다. 그래서 이징옥을 처치하는 사람에게는 큰상을 내린다고 널리 알렸습니다. 그러자 정종이라는 사람이 군사를 이끌고 가서 이징옥을 없애 버렸습니다.

　이로써 이징옥의 반란은 끝이 났습니다.

　"그래도 수양대군은 마음을 놓을 수가 없었단다. 또 다른 동생인 금성대군이 여러 신하들과 머리를 맞대고 단종을 도우려고 했거든."

　아빠는 풀밭에 앉아 얘기를 계속했습니다.

　"단종이 불쌍해요."

　하늘이는 아빠 옆에 쪼그리고 앉았습니다.

　"그래서 수양대군은 금성대군을 귀양 보내고 많은 사람들의 목숨을 빼앗았지. 임금이 되려는 욕심이 그런 무서운 일을 꾸미게 했지."

"단종이 너무 가여워요."

"그래, 목숨에 위협을 느낀 단종은 임금이 된 지 3년 2개월 만에 마침내 임금자리를 내놓고 물러나고 말았단다."

"그래서 단종이 슬픈 일을 많이 겪었다고 하셨군요."

하늘이가 고개를 끄덕였습니다.

"수양대군은 드디어 꿈에도 그리던 임금이 되었어. 세조 임금이지. 그렇지만 단종에게는 슬픈 일이 계속 뒤따랐단다."

사육신과 생육신

단종은 스스로 임금자리에서 물러났지만, 쫓겨난 것이나 다름없었습니다. 그래서 단종을 다시 임금으로 모시려는 신하들은 몰래 때만 엿보고 있었습니다.

그러던 어느 날이었습니다. 때마침 명나라에서 사

신이 온다는 소식을 들었습니다.

큰 나라인 명나라에서 사신이 오면 임금이 직접 잔치를 열었습니다. 그러면 누군가 임금 옆에 칼을 차고 서 있어야 했습니다.

그 일을 유응부와 성승이 맡기로 되어 있었습니다.

"내일 잔치가 열리니, 마침내 기다리던 때가 되었소. 우리가 수양대군을 반드시 처치할 것이오."

유응부와 성승은 주먹을 불끈 쥐며 자신 있게 말했습니다.

모두들 때가 왔다고 기뻐하였습니다. 잔치가 열리면 유응부와 성승이 들고 있던 칼로 수양을 없애 버리면 그만이었습니다.

다음날이었습니다.

유응부와 성승은 칼을 들고 연회장으로 갔습니다. 그런데 이게 웬일입니까.

"못 들어가오."

한명회가 두 사람을 막아섰습니다. 그는 김종서도 죽인 사람이었습니다. 수상한 낌새를 챈 모양이었습니다.

계획이 수포로 돌아간 걸 알고 신하들은 땅을 쳤습

니다.

이렇게 되자 함께 머리를 맞대고 때를 엿보던 김질이 딴 생각을 했습니다.

'이거 큰일났구나. 잘못하다가는 나마저 역적으로 몰려 죽임을 당하겠구나.'

그는 당장 신숙주에게 달려가 그 동안의 모든 일을 고자질하고 말았습니다.

"이 놈들을 모두 잡아들여라!"

명령이 떨어지고, 일을 꾸몄던 신하들은 당장 끌려와 모진 고문을 당했습니다. 끌려온 신하들은 새 임금을 임금이라고 부르기는커녕 나라를 빼앗은 역적이라고 부르며 눈을 부릅떴습니다.

"어서 죽여주시오!"

그들은 죽음 앞에서도 오히려 당당했습니다. 그렇게 모두들 꿋꿋한 모습으로 죽어 갔습니다.

이들 가운데 성삼문, 박팽년, 하위지, 이개, 유응부, 유성원 등 여섯 명을 '사육신'이라고 합니다.

세조가 임금이 된 것을 반대하는 사람들은 그 밖에도 아주 많았습니다. 두드러진 인물이 김시습입니다.

그는 책도 많이 읽고 글을 잘 지어서 앞날이 기대되

던 사람이었습니다. 그러나 세조가 임금자리에 오르자 모든 책들을 불살라 버린 뒤 미친 사람처럼 아무 곳이나 헤매고 다녔습니다.

이렇게 세조를 반대하면서 벼슬도 마다하고 숨어 살던 김시습, 이맹전, 원호, 조여, 성담수, 남효온 등 여섯 명을 '생육신'이라고 합니다.

단종의 죽음

"아빠, 그럼 단종은 어떻게 되었어요?"

하나가 얼른 물었습니다.

"사육신의 사건이 일어난 다음 해에 이 곳 영월 땅으로 귀양 오게 되었단다."

"그래서 여기에서 살았구나."

하나는 고개를 끄덕이며 단종이 살았던 집을 쳐다보았습니다.

"단종은 여기에 살면서 할아버지 세종과 아버지 문종을 많이 그리워했을 것 같아요."

하늘이가 슬픈 표정으로 말했습니다.

"그랬겠지. 누구보다 세종대왕의 귀여움을 독차지했던 단종인데 왕의 자리를 내놓고 귀양 와서 살면서 얼마나 외로웠겠니."

엄마가 대답하셨습니다.

단종은 상왕 자리에 잠시 머물다가 노산군으로 낮춰져서 영월로 귀양 보내졌습니다.

그런데 일은 더 나쁘게 되어 갔습니다.

세조의 동생인 금성대군이 또다시 단종을 임금으로 모실 계획을 세웠다가 그만 들켜 버린 것입니다. 큰일이었습니다.

드디어 금성대군은 죽임을 당하고, 단종도 노산군이라는 직위를 박탈당하고 말았습니다. 그리고 한 달 뒤에 죽임을 당하고 말았습니다. 그 때 단종의 나이는 열일곱 살이었습니다.

단종의 주검은 아무도 거둘 수가 없었습니다. 그렇게 죽임을 당한 사람의 주검을 거두는 것은 나라의 법을 어기는 일이었기 때문입니다.

그 때 영월의 낮은 벼슬아치로 엄홍도라는 사람이 있었습니다. 그는 억울하게 죽은 단종의 주검을 그대로 놔둘 수 없다고 생각했습니다. 그는 밤중에 몰래 단종의 주검을 거두어 산 속에 고이 묻어 주었습니다. 그리고 벼슬도 버리고 멀리 사라져 모습을 감추었습니다.

"그 뒤 오랜 세월이 지나, 단종을 다시 받들고 능도 만들었단다. 이제 단종이 묻혀 있는 장릉으로 가 보도록 하자."

아빠가 먼저 걸음을 옮겼습니다.

하나는 청령포를 떠나면서 자꾸만 뒤를 돌아보았습니다. 소나무들도 단종의 슬픈 이야기를 간직하고 있다는 듯 조용히 흔들리고 있었습니다.

제7대 세조

　세조는 어린 조카 단종을 몰아내고 임금자리에 올랐습니다. 때는 1455년이었습니다.

　울창한 숲으로 이름난 경기도 광릉이 세조의 능입니다. 광릉은 크낙새가 살고 있어서 잘 알려진 곳이기도 합니다.

　"뭐하니?"

　가만히 귀를 묻고 있는 하나를 툭 치며 하늘이가 물었습니다.

"크낙새가 나무 쪼는 소리가 들리는지 살피고 있었어."

다람쥐가 뽀르르 하나 앞으로 달려갑니다.

"세조는 비록 좋지 않은 방법으로 임금자리에 오르기는 했지만 어려서부터 똑똑하고 성격이 대담했다고 하더구나. 그리고 무술에도 뛰어났단다."

아빠는 숲속 길을 성큼성큼 걸어가시며 뒤따

라오는 하나와 하늘이가 들을 수 있도록 큰소리로 말씀하십니다.

"무서운 사람 같아요."

하나가 달려가 아빠 손을 잡으며 말했습니다.

"세조는 옳지 못한 방법으로 임금자리에 오른 뒤 늘 꿈자리가 뒤숭숭해서 고통스러워했다고 전해진단다."

아빠는 두 팔을 벌려 숲의 맑은 공기를 들이마셨습니다.

"어떤 꿈이었는데요?"

하늘이가 아빠처럼 심호흡을 하며 물었습니다.

"단종을 죽이기 전날 밤 꿈에 단종의 어머니인 현덕왕후가 나타나서 몹시 꾸짖더라는구나. 그리고 침을 뱉었다는 거야."

"침을 뱉어요? 그래서요?"

"세조는 임금이 된 지 몇 해 뒤부터 온몸에 부스럼이 나서 괴로워했단다. 그 부스럼이 바로 현덕왕후의 침이 묻은 자리에서 났다는 거였어.

그리고 현덕왕후로부터 시달림을 받아서 아들인 왕세자가 죽었다고도 전해지고 있어."

"그런 일까지 있었군요."

"세조와 그 아들들은 단종을 몰아낸 뒤에 그만큼 괴로움을 겪었던 거지. 그래서 단종의 어머니인 현덕왕후의 무덤을 파헤치기도 했단다."

"아유, 끔찍해라. 어떻게 죽은 사람 무덤까지 파헤쳐요?"

"세조가 부스럼 때문에 고생한 얘기를 들어보렴."

고양이를 위한 밭

세조는 부스럼 때문에 많은 고생을 했습니다. 좋다는 약은 다 쓰고, 심지어 무당까지 불러다 굿을 해 보았지만 도무지 낫지를 않았습니다.

조선 왕조는 유교를 받들고 불교를 억압하는 정책을 펴고 있었지만 다급해진 세조는 유명한 절을 찾아다니며 기도를 하기도 했습니다.

세조는 수양대군으로 있을 때 세종 임금 밑에서 불교 책을 한글로 만드는 일을 한 적도 있었습니다.

어느 여름 날, 세조는 오대산으로 갔습니다. 그리고 기도를 드리러 상원사의 법당 안으로 들어가려던 참이었습니다.

어디선가 고양이가 나타나더니 옷자락을 물고 놓아 주지를 않았습니다. 세조는 아무 생각 없이 고양이를 쫓았습니다. 고양이는 도망가지 않고 더욱 매달렸습니다.

퍼뜩 이상한 생각이 머리를 스쳤습니다. 그래서 세조는 군사들을 시켜 법당 안을 살피게 했습니다. 아니나다를까, 법당 안에는 칼을 든 괴한들이 숨어 있었습니다. 괴한들은 단종의 원수를 갚으려고 숨어 있었던 것입니다.

고양이 덕분에 목숨을 건진 세조는 고양이에게 깊은 고마움을 느꼈습니다. 그래서 언제까지나 고양이에게 제사를 지내라고 넓은 땅을 내렸습니다. 이 땅은 지금도 '고양이 밭'이라는 이름으로 오대산 상원사에 딸려 있습니다.

아울러, 오대산의 냇물에서 불교의 문수 동자를 만나고 난 뒤 부스럼을 고쳤다는 이야기도 전해져 내려오고 있습니다.

이처럼 세조는 불교를 받든 임금이 되었습니다.

"세조는 임금의 힘을 강하게 하는 데 애를 많이

썼어. 그래서 여러 가지 법을 새로 만들고 〈경국대전〉 같은 중요한 책을 엮기 시작했지."

아빠는 돌 위에 걸터앉으며 이야기했습니다.

"〈경국대전〉이 어떤 책인가요?"

하늘이가 물었습니다.

"그건 나라를 다스리는 기둥이 되는 법들을 모은 책이란다. 세조 때 엮기 시작해서 다음 임금인 예종 때를 거쳐 그 다음 임금인 성종 때에 가서야 겨우 완성되었지."

"굉장히 힘들여 만든 책이군요."

"그런 책에 있는 대로 나라를 다스려야 모든 게 어긋나지 않는단다. 그래서 세조는 나라 일의 바탕을 바로 놓으려고 한 거야."

여러 가지 법을 만든 세조는 모든 권력을 임금이 있는 중앙으로 모았습니다. 나라 변두리에서 반란이 일어나는 것을 막기 위해 중앙의 문신 벼슬아치를 보내 다스리게 하기도 했습니다.

대대로 함경도에서 힘을 떨치던 이시애라는 사람은 여기에 화가 나서 반란을 일으켰습니다. 이시애는 한명회와 신숙주가 반란을 꾀하려 한다며 그들을 치기 위해 군사를 일으켜야 된다고 거짓말을 한 뒤 반란을 일으켰습니다.

이시애의 군사는 한때 중앙의 군사를 무찌르고 기세를 올렸습니다. 세조는 남쪽 지방에서 군사를 모아 이시애를 치도록 했습니다.

이 군사들이 드디어 이시애의 군사를 물리쳤고, 도망치던 이시애는 부하들에게 붙잡혀 목숨을 잃었습니다.

세조는 한명회와 신숙주를 잡아 가두고 조사를 했습니다. 그러나 아무 죄가 없다는 것이 밝혀지고, 두 사람은 무사히 풀려날 수 있었습니다.

세조는 남쪽의 백성들을 북쪽에 보내 나라를 고루 다스렸습니다. 그리고 백성들의 살림살이를 보살피는 일에도 남달리 마음을 썼습니다.

나라에서 세금을 많이 거두지 않아도 되게 법을 바로잡았으며, 누에를 쳐서 비단을 만드는 것을 북돋기도 했습니다.

"이렇게 임금의 힘을 강하게 하는 데 애를 쓴 덕분에 세조 때는 그 어느 때보다 임금의 힘이 강했단다."

"본래부터 힘으로 임금이 된 사람이잖아요."

하늘이가 말했습니다.

"그래, 단종은 물론이고 단종을 아끼던 사람과 자기 동생들까지 죽이고 마침내 임금이 된 인물이지."

엄마가 한숨을 내쉬며 설명해 주셨습니다.

"그러나 임금이 되면서 신하들을 모두 말 잘 듣고 가까운 사람으로만 썼기 때문에 문제도 많았어."

"어떤 사람들이 신하였는데요?"

"가장 꼽을 만한 사람들로 권남, 한명회, 신숙주를 들 수 있지."

세조의 신하들

　권남은 어릴 때부터 공부를 많이 했으며 뜻이 컸습니다. 그래서 책 상자를 말에 싣고 이름난 산과 고적들을 찾아다니며 공부를 게을리 하지 않았습니다.
　이 때 한명회를 만나 평생의 벗이 되었습니다.
　뒤늦게 벼슬길에 나선 그는 세종 임금 밑에서 책을 엮는 일을 맡았다가 함께 일한 수양대군과 가까워지게 되었습니다.
　어린 단종이 임금이 된 뒤, 수양대군이 안평대군과 힘을 겨루게 되자 그는 한명회와 뜻을 같이하여 수양대군을 도왔습니다. 그리고 김종서, 황보인 등을 처치한 '계유정난'에서 큰 역할을 했습니다.
　그 뒤 벼슬이 높아져 좌의정을 지내다가 병이 들어 떠났습니다.

　한명회는 일찍이 부모를 여의고 어렵게 어린 시절을 보냈습니다. 일곱 달 반 만에 태어난 칠삭둥이인데다 생김새가 볼품이 없어 사람들로부터 놀림을 많이 받고 자랐습니다.

과거 시험에도 거듭 실패하고, 뒤늦게야 궁지기가 되었습니다.

그러나 그는 일을 처리하는 데 남다른 실력을 지닌 사람이었습니다. 친구인 권남의 소개로 수양대군을 만나고 그 때부터 그는 놀라운 실력을 발휘하기 시작하였습니다.

그는 지방에서 날랜 무사들을 데려다 실력을 쌓게 하며 때를 기다렸습니다.

그리하여 김종서와 황보인 등을 없애고 수양대군이 임금이 되는 발판을 마련했습니다.

수양대군이 단종을 내몰고 세조 임금이 되자 그의 벼슬은 날로 높아 갔습니다.

그런 그에게도 어려운 일이 생겼습니다. 이시애가 반란을 일으켰을 때였습니다.

"한명회와 신숙주가 반란을 꾀하기 때문에 이들을 처치하기 위해 군사를 일으켰다."

이시애는 이렇게 외쳤습니다.

세조는 한명회와 신숙주를 잡아 가두었습니다. 그러나 아무리 조사해도 잘못이 없어서 두 사람은 무사히 풀려났습니다.

그 뒤로 한명회는 더욱 권세를 누렸습니다.

그는 자기 딸을 세조의 둘째아들에게 시집 보내고, 나중에 세조의 손자 자을산군에게 또 다른 딸을 시집 보냈습니다. 둘째아들이 세조의 다음 임금인 예종이 되었고, 첫째아들은 일찍 죽었지만 그의 둘째아들이 그 다음 임금인 성종이 되었습니다. 그러니까 한명회는 두 임금의 장인이 된 것입니다.

늙어서도 그는 나라 일에 참여하기를 좋아했습니다.

강남의 압구정동은 그가 한강의 갈매기와 벗하며 지내겠다고 지어 놓은 압구정이라는 정자 이름에서 따온 동네 이름입니다.

사람들은 그 압구정이 갈매기와 벗하는 곳이 아니라 권세와 벗하는 곳이라고 은근히 손가락질을 하였습니다.

신숙주는 어려서부터 책을 유난히 좋아해 나중에는 읽지 않은 책이 없을 정도였습니다.

그는 세종 임금 때 벼슬길에 나아가 한글을 만드는 일에 힘을 기울였습니다. 그러다가 수양대군이 명나라에 갈 때 함께 동행해 가까운 사이가 되었습니다.

수양대군이 나라 일을 거머쥐고 단종을 몰아낸 후에 세조 임금이 되자 신숙주의 벼슬은 날로 높아 갔습니다. 세조는 그를 깊이 믿고 있어서 늘 가까이 불러 모든 일을 묻곤 했습니다.

신숙주가 단종을 버리고 세조를 도운 일이 잘못이었다고는 하지만 조선 왕조의 기틀을 다지는 데는 큰일을 했습니다. 그는 왕들이 나라를 다스리기 위해 읽어야 될 책을 비롯하여 많은 책들을 엮었습니다. 많은 유교 책들과 불교 책들을 한글로 만들었으며, 다른 나라와의 교류나 나라를 지키는 데 쓰이는 책들 중 그의 손을 거치지 않은 것이 거의 없었습니다.

신숙주는 세조 다음의 임금인 예종과 그 다음 임금인 성종 때까지 나라 일을 돌보았습니다.

이렇게 세조와 가까운 신하들은 큰 힘을 가지고 나라 일을 보았습니다.

여기서 더 나아가 세조는 죽기 얼마 전에 '원상제'라는 것을 만들었습니다. 이것은 임금이 뽑은 세 명의 신하가 왕세자와 함께 나라 일을 맡아보게 하는 제도였습니다.

세조가 이 제도를 만든 것은 아들들의 건강이 매우 좋지 않았기 때문이었습니다. 세조는 이렇게 한 뒤에 곧 임금자리를 왕세자에게 물려주고는 다음날 세상을 떠났습니다.

　때는 1468년이었습니다.

제8대 예종

"예종은 본래 세조의 둘째아들이었지. 그러나 첫째아들이 먼저 세상을 떠났기 때문에 세조가 죽기 하루 전날 임금자리를 물려받았어."

아빠의 이야기는 계속되었습니다.

"세조의 아들들이 몸이 약한 것은 세조가 어린 조카 단종을 몰아낸 죄값이라고 사람들은 수군거렸단다."

아빠는 예종 임금에 대해 알아보기 위해 북한

강의 남이섬으로 차를 몰면서 하나에게 물었습니다.

"왜 사람들이 수군거렸을 것 같니?"

"나쁜 짓을 했으니까요."

"그런데 남이섬과 예종 사이에는 어떤 일이 있어요?"

하늘이가 끼여들었습니다.

"남이는 예종 때의 장수 이름이란다. 본래 이 섬에 그의 무덤이 있어서 남이섬으로 불리게 되었지. 그 얘기는 좀 있다가 하기로 하고 예종에 대해서 먼저 알아보자."

예종의 짧은 생애

세조의 뒤를 이어 예종이 임금이 된 것은 19세 때였습니다. 그는 아직 스무 살이 안 된 데다가 몸까지 약해서 나라 일을 제대로 볼 수가 없었습니다.

그래서 어머니인 정희왕후가 뒤에서 일을 보아주고

신하들의 도움을 받으며 임금으로서의 일을 해 나갔습니다.

정희왕후는 성격이 대담하고 강한 사람이었습니다. 게다가 예종의 아버지인 세조는 이미 세 명의 신하들을 뽑아 임금을 돕게 하는 '원상제'라는 제도를 만들어 두어서, 예종은 별탈 없이 나라를 이끌어 갈 수 있었습니다.

예종은 그 때까지 백성들이 왜나라 사람들과 자유롭게 물건을 사고 팔던 일을 막고, 군사들이 쓰는 땅은 보통 사람들이 농사를 짓지 못하게 했습니다.

이렇게 의욕적으로 나라 일을 해 나갔지만, 예종은 일찍 죽은 형과 마찬가지로 몸이 약했습니다. 그래서 임금자리에 앉은 지 겨우 14개월 만인 20세에 세상을 떠나고 말았습니다.

이처럼 짧은 기간 동안 임금자리에 머무른 데다 정희왕후와 신하들의 도움을 많이 받았기 때문에 예종은 큰 업적을 남기지 못했습니다.

"세조가 단종을 몰아낸 죄값을 자식들이 받은 셈이 되네요, 아빠?"

하늘이가 아는 척을 했습니다.

"그래. 형도 일찍 죽었는데 예종도 그랬으니까. 이제 남이섬을 돌아보며 남이에 대해 얘기해 보기로 하자."

아빠는 잔디밭을 지나 밤나무 숲으로 걸어갔습니다.

"아빠, 남이는 어떤 사람이었어요?"

하나가 물었습니다.

"예종은 너무 일찍 죽어서 제대로 일을 못했다고 했지?"

"네."

"그런데 좋지 않은 일이 한 가지 크게 일어났었지. 그 좋지 않은 사건에 남이가 끼어 있단다."

남이섬의 비밀

남이는 태종 임금의 넷째 딸의 아들로 태어났습니

다. 그러니까 할아버지가 임금이었던 것입니다.

유난히 몸집이 큰 남이는 어릴 때부터 높은 뜻을 품고 있었습니다. 반드시 나라의 큰일을 하겠다고 마음속으로 다짐했습니다. 스무 살에 이미 훌륭한 장수가 된 그는 여러 싸움에 나가 큰공을 세웠습니다. 세조 임금 때 일어난 이시애의 반란을 진압할 때도 그의 활약은 눈부셨습니다.

그는 북쪽의 오랑캐를 무찌르고 나서 다음과 같은 시를 지었습니다.

백두산 돌은 칼을 갈아 없애고
두만강 물은 말에게 먹여 없애리.
남자 스무 살에 나라를 평안케 못하면
뒷날 누가 대장부라고 하랴.

늠름한 기상이 넘치는 시입니다.

세조는 남이를 무척 아껴서 26세의 그에게 나라의 군사를 모두 떠맡는 병조판서 벼슬을 내렸습니다.

세조의 뒤를 이어 임금자리에 오른 예종은 그런 남이를 좋아하지 않았습니다. 게다가 한명회, 신숙주 등은 예종 앞에서 남이가 병조판서를 할 사람이 못된다고 헐뜯었습니다. 그 말에 예종은 남이의 벼슬을 낮추었습니다.

그러던 어느 날입니다. 밤하늘에 살별이 나타난 것을 본 남이가 말했습니다.

"살별이 하늘에 나타난 것은 묵은 것을 몰아내고 새로운 것을 받아들일 조짐이다."

이 말을 유자광이라는 사람이 엿들었습니다.

유자광은 남이와 함께 이시애의 반란군을 무찌르는 데 공을 세운 사람이었습니다.

그러나 자기보다 남이가 더 높은 벼슬을 차지하자 나쁜 마음을 먹고 있었습니다. 그는 남이의 말을 듣고 이제야 남이를 없앨 수 있다고 생각했습니다.

유자광은 곧 예종에게 달려가 남이가 임금을 몰아내려 한다고 꾸며서 아뢰었습니다. 그리고 예전에 남이가 지은 시도 슬쩍 바꾸어 꾸며댔습니다.

"남자 스무 살에 나라를 얻지 못하면 뒷날 누가 대장부라고 하랴, 하고 읊은 적도 있사옵니다."

유자광의 말에 예종은 남이를 잡아들였습니다.

그리고 모질게 다그쳤습니다.

남이는 처음에는 아니라고 버텼습니다. 그렇지만 너무 맞아 정강이뼈가 부러진 뒤 자포자기 상태로 고개를 끄덕이고 말았습니다.

그리하여 남이를 비롯하여 많은 사람들이 목숨을 잃었습니다. 그 때 남이의 나이는 28세였습니다.

"남이가 억울하게 죽었다는 것은 훨씬 뒤에 널리 퍼진 얘기였어."

아빠는 말씀을 하시며 남이섬을 둘러보았습니다.

"남이의 무덤은 어디 있어요?"

하나가 물었습니다. 아무리 둘러보아도 무덤은 보이지 않았습니다.

"본래 여기 있다가 경기도 화성군 쪽으로 옮겼으니까 지금은 없지."

뒷날의 여러 책에는 남이의 죽음을 안타깝게 여기는 이야기들이 많이 나왔습니다. 그 이야기들은 모두 유자광을 아주 나쁜 사람이라고 나무라며, 늠름한 남이의 모습을 그렸습니다. 젊어서 목숨을 잃은 남이가 그만큼 사람들의 마음을 사로잡았던 것입니다.

지금도 남이에 대한 이야기는 여전히 남아 있습니다. 이를테면 남이가 귀신을 쫓아내 다 죽어 가던 처녀를 살려냈다는 식의 이야기들입니다. 사람들은

남이는 죽어서도 신통한 힘을 보여준다고 믿었던 것입니다.

　남이에 대한 여러 이야기들은 씩씩한 남이의 모습을 빌어 귀신을 쫓을 수 있다는 민간 신앙으로 이어져 지금까지 내려오고 있습니다.

제9대 **성종**

　일요일입니다. 하나네 가족은 선릉을 찾아가기로 하였습니다. 선릉은 조선의 9대 임금인 성종이 묻혀 있는 능입니다.

　"엄마, 지하철 역 이름도 선릉이네요?"

　지하철 역 입구를 빠져 나오며 하나가 엄마 손을 붙들었습니다.

　"벌써부터 성종 임금이 어떤 분이셨는지 궁금한데요."

하늘이가 의젓하게 말하였습니다.

"나도 궁금해, 오빠."

하나도 맞장구를 쳤습니다.

왕세자가 되다

예종이 세상을 떠나자, 세조의 왕비인 정희왕후는 열세 살의 성종을 임금의 자리에 앉혔습니다. 그 무렵 정희왕후는 왕실에서 제일 높은 어른이었습니다.

예종의 병세가 깊어지자 정희왕후는 왕위를 이을 왕세자를 누구로 정해야 할지 고민을 많이 했습니다.

예종의 아들 제안군이 있었지만 단종 때 일어났던 슬픈 일을 염려하지 않을 수가 없었습니다. 제안군의 나이가 겨우 네 살밖에 안 되었기 때문에 아무래도 임금이 되기 어렵다는 생각이 들었습니다.

성종의 형인 월산군도 떠올려 보았습니다. 그러나 한명회, 신숙주 등 세조 때부터 가까운 신하들과 의논한 끝에 어려서부터 총명하고 영특한 자을산군이 임금의 자리에 오르는 것이 마땅하다고 생각했습니다.

"성종 임금이 열세 살이었다면 정희왕후가 수렴청정을 했겠네요?"

하늘이가 물었습니다.

"그렇단다. 하나도 수렴청정이란 말 기억나지?"

"네. 아빠가 단종 임금 설명하실 때 말씀해 주셨잖아요. 왕이 스무 살이 안 되면 궁중에서 가장 높은 왕비가 임금 뒤에서 발을 치고 나라 일을 대신 돌보는 거 말이죠?"

"우리 하나가 설명을 아주 잘 들었구나."

정희왕후나 신하들은 성종이 임금으로서 누구보다도 뛰어나게 나라 일을 잘 돌보리라는 믿음이 컸습니다.

그러나 정희왕후는 자신이 수렴청정을 하여 나라 일을 돌보면서 왕권을 좀더 튼튼히 하려는 생각도 있었습니다.

한명회, 신숙주 같은 신하들도 정희왕후와 가까이 지내면서 세조 때부터 누려 온 권력을 그대로 누릴 속셈이었습니다.

"세조는 성종을 어릴 때부터 귀여워했단다. 그래서 어린 성종을 자주 곁에 불렀다는구나. 그 때의 일 중 실록에 적혀 있는 재미있는 이야기가 있어."

"무슨 얘기인데요? 얼른 얘기해 주세요."

"하나는 재미있는 얘기라면 무조건 좋지?"

엄마가 하나의 머리를 쓰다듬었습니다.

"천둥과 벼락이 치던 날이었단다. 얼마나 무섭게 치는지 금방이라도 코앞으로 벼락이 떨어질 것 같았지. 어른들도 깜짝 놀라서 벌벌 떨 정도였다는구나. 그런데 어린 성종은 아주 태연하게 앉아 있었단다. 벼락을 맞고 사람이 죽기도 했는데 전혀 당황하지 않는 성종을 보고 세조 임금은 그 늠름한 모습이 조선을 세운 태조 임금을 꼭 빼 닮았다며 감탄을 했단다."

"그 때부터 세조 임금은 이미 마음 속으로 성종 임금을 왕으로 점찍어 놓았었군요."

하늘이가 한 마디 거들었습니다.

"그래. 어려서부터 그렇게 대범했던 성격대로 성종 임금은 나라를 태평성대로 이끌었단다. 우리 하늘이도 성종 임금처럼 밝고 대범한 성격이지?"

"그럼요, 아빠"

아빠 말씀에 하늘이는 공연히 어깨를 으쓱해 보입니다.

마침내 성종이 20세 성년이 되자 정희왕후는 섭정을 끝내고 물러났습니다. 섭정을 하는 동안에도 성종이 워낙 나라 일을 잘 해 나갔으므로 할머니인 정희왕후는 안심하고 모든 일을 성종에게 맡길 수 있었습니다.

성종이 임금으로 지내는 동안, 나라는 조선이 세워진 이후로 제일 안정되고 평화로운 시기를 맞이하게 되었습니다.

임금은 백성을 잘 보살피고, 학문이 깊고 덕 높은 신하들이 많이 생겨났으며, 백성들은 임금의 말을 잘 따르며 열심히 일한 덕분에 그 어느 때보다도 풍요롭고 살기 좋은 나라를 이룰 수 있었습니다.

세종과 세조가 이룩해 놓은 튼튼한 뿌리를 바탕으로 성종이 꽃을 활짝 피운 것입니다.

왕권 강화

"성종 임금이 직접 나라 일을 돌보기 시작하면서 제일 먼저 한 일은 왕의 권한을 넓히는 일이었단다. 모든 일을 직접 다스리는 힘을 되찾

았거든."

"그러면 그 동안은 어떻게 나라 일을 처리했어요?"

하늘이는 무슨 뜻인지 잘 이해할 수가 없어 물어보았습니다.

"나라의 중요한 일을 결정할 때 신하들이 참석하는 원상제가 있었지."

"원상제요?"

하나와 하늘이는 서로의 얼굴만 쳐다볼 뿐 얼른 대답을 못합니다.

"세조 때 만든 제도란다. 저번에 들려준 이야기를 잊어버린 모양이구나. 임금의 일을 신하들과 나누어서 하는 거라면 쉽게 이해가 되겠지? 임금이 해야 되는 일이 너무 많을 경우에는 작은 일들은 임금에게 일일이 승낙을 받지 않고 신하들이 알아서 처리하는 것이지. 임금이 너무 어릴 경우에는 나라 일을 오래 맡아본 신하들이 큰일을 결정하고 임금은 승낙을 해 주는 제도란

다."

"그렇게 되면 아무래도 신하들의 힘이 커지겠네요."

"그렇지. 그래서 성종은 원상제를 없애고, 신하들에게 넘어갔던 권한을 다시 왕권으로 돌려놓은 거란다. 우리 하늘이도 이제 제법 정치에 대해서 말할 줄 아는구나?"

"에이, 아직은 잘 몰라요."

하늘이가 부끄러운 듯이 웃었습니다.

그 무렵 신하들은 사림파와 훈구파로 나뉘어져 있었습니다.

훈구파는 세조가 임금이 될 때 공을 세운 신하들로 오랫동안 권력을 잡고 있던 무리였습니다. 그들은 높은 벼슬에, 많은 땅을 가지고 있었습니다. 사림파는 고려 말의 큰 학자 정몽주와 길재를 따르는 사람들을 말합니다.

사림파 중에서 김종직이라는 사람이 있었습니다. 그는 학식과 문장이 뛰어났으며 그의 곁에는 그 무렵

나라에서 가장 뛰어난 문장가들이 있었습니다.

그 덕분에 김종직에게 벼슬을 내리면 그의 곁에 있는 뛰어난 사람들이 그를 도와 일을 처리하는 효과를 거두었습니다.

성종은 사림파 신하들에게 벼슬자리를 많이 내렸습니다. 그 때까지 조정의 벼슬을 거의 차지하고 있는 훈구파 세력을 누르려는 뜻에서였습니다.

훈구파와 사림파는 팽팽하게 맞섰습니다. 이 두 파는 서로 임금의 믿음을 얻기 위해 애썼습니다.

두 파는 나라 일을 하는 데에도 생각이 달랐습니다. 그래서 서로 상대가 잘못한 일이 없는지 눈을 크게 뜨고 살피곤 했습니다. 그렇게 성종은 훈구파와 사림파 사이의 힘을 잘 조정함으로써 왕권을 튼튼하게 다질 수 있었던 것입니다.

홍문관과 호당 제도

"성종은 본바탕이 학문을 좋아하는 임금이었지. 학자들과 자주 만나 뜻을 나누기를 즐기셨단다. 그래서 홍문관을 만들어 훌륭한 문신들이 마음껏 학문을 닦을 수 있도록 도와주었단다."

"홍문관이 학교인가요?"

하나가 아빠를 올려다보며 물었습니다.

"홍문관은 세종 때 있었던 집현전 같은 것이란다. 세조 때에 없어졌던 것을 다시 만든 것이지. '호당 제도'라고 해서 젊은 신하들에게 얼마 동안 휴가를 주어 집에서 책 읽고, 글을 쓰게 하기도 했지."

"아빠, 집에서 책 읽고 글쓰는 게 무슨 휴가예요. 공부하는 거지."

하나가 뾰로통해서 대답합니다.

"먹고 노는 것만 휴가가 아니지. 아빠 생각에는 일하느라 바빠서 못 읽은 책도 실컷 읽고, 자신의 생각을 글로 쓰면서 한가롭게 지내는 것도 아주 좋은 휴가 같은데?"

아빠가 웃으면서 하나의 볼을 살짝 꼬집었습니다.

"하나야, 선비라는 말은 괜히 쓰는 말인 줄 아니? 무조건 책 읽는 걸 공부라고 생각하는 아가씨가 어찌 선비를 이해할까."

하늘이도 덩달아 아빠의 말을 거들었습니다. 하나는 오빠의 말을 못 들은 척하고 얼른 질문을 던집니다.

"그럼 성종 임금이 해놓으신 일이 아주 많겠어요?"

"그럼. 우리 나라 최초의 법전이라 할 수 있는 〈경국대전〉을 펴낸 일이 제일 큰 일이지. 그리고 성종 임금은 백성들이 잘 먹고 잘 입고 잘 살 수 있게 하기 위해 많은 노력을 했단다. 오랫동안 끊임없이 우리를 귀찮게 하던 압록강, 두만강 언저리의 야인들을 모두 무찔렀지. 특히 성종 임금은 백성들이 어떻게 살고 있는지 직접 대궐 밖으로 나가 알아보기도 했단다. 밤이 되면 보통 사람 옷으로 갈아입고 밖으로 나가 백성들의 생활을 살펴보고는 했지. 그 때 있었던 재미있는 이야기가 아주 많단다. 자, 그럼 이제부터 성종 임금이 이룩해 놓은 훌륭한 일을 살펴볼까?"

경국대전

〈경국대전〉은 우리 나라에 전해져 오는 법전 가운데 가장 오래된 것으로 조선 왕조가 세워진 지 90년 남짓 지나 처음으로 만들어진 법전입니다.

〈경국대전〉에는 나라를 다스리는 기틀이 되는 법에서부터 백성들이 일상 생활을 꾸려 가는 방법과 예의까지 자세하게 기록되어 있습니다.

"아빠, 임금의 말은 아무도 거역할 수 없잖아요? 그렇다면 임금이 말하는 게 곧 법이 아닌가요? 어명이요! 하면 사형 당할 사람도 살려주던데요?"

하나가 어리둥절한 표정으로 아빠에게 물었습

니다.

"텔레비전 연속극에서 본 것처럼 말이지?"

엄마가 입가에 웃음을 머금고 하나를 돌아보았습니다.

"네, 어명이 임금의 말이라고 했잖아요."

"법전 없이 나라를 다스리기도 하지. 고려는 왕의 말만으로 나라를 다스렸단다. 그런데 왕법은 나라 일을 말로 하다 보니 때때로 잊혀질 뿐만 아니라, 왕에 따라 각각 뜻이 다를 수도 있고, 여러 가지 문제가 많이 발생할 수밖에 없었지. 조선은 그런 잘못을 다시 밟지 않으리라 생각했던 거야."

세조 때부터 시작한 〈경국대전〉은 완성되기까지 세 임금을 거치며 25년의 세월이 걸렸습니다.

새 임금이 오르거나 무슨 큰 일이 생길 때마다 그때그때 새로운 법이 생겨났습니다.

세조는 임금이 되자마자 여기저기 흩어져 있던 법

전들을 모아 한 데 묶는 일을 시작했습니다. 한번 만들어진 법이 오랫동안 변하지 않고 내내 쓰일 수 있도록 하나로 모아진 법전을 만들기로 한 것입니다.

〈경국대전〉은 여섯 가지로 크게 나뉘어져 있습니다. 이전, 호전, 예전, 병전, 형전, 공전입니다.

'이전'은 정치에 관한 법입니다.

'호전'은 경제법과 호적에 관한 법입니다.

'예전'은 과거 제도와 생활 규범, 결혼, 제례와 외국과 서로 오가는 법 등으로 제일 많은 부분을 차지하고 있습니다.

'병전'은 군사에 관한 법입니다.

'형전'은 재판과 형

벌을 다스리는 법, '공전'은 도로나 다리를 놓는 등 산업에 관한 법을 말합니다.

"조선은 나라의 목표를 어디에 두었다고 했지?"

"유교를 받들고 불교를 억눌렀어요."

하늘이가 똑똑하게 대답했습니다.

"그래서 〈경국대전〉 가운데 유교의 가르침을 담은 '예전'이 크게 다루어졌단다."

"예의를 중요하게 생각했기 때문이군요."

"그렇지. '예전'에는 노처녀에 대한 내용도 있지."

"뭐예요, 아빠?"

하나가 얼른 묻습니다.

"관리의 딸이 서른 살이 되도록 노처녀로 시집을 못 가고 있을 경우에는 왕에게 보고하도록 되어 있었단다."

"왜요?"

"만약 가난해서 시집을 못 갔다면 나라에서 재물을 주어 시집을 보내 주고, 집안이 가난하지 않은데 시집을 안 가고 있었다면 그 딸의 아버지에게 죄를 물었단다. 그리고 〈경국대전〉에는 아이를 낳은 아빠들에게도 신나는 일이 있었는데……."

"뭔데요?"

"조선 시대의 관리는 부인이 아이를 낳으면 보름 동안 휴가를 받을 수 있었단다. 우리 선조들이 그만큼 새 생명을 귀하게 여겼던 거지. 그런 법은 계속 이어져 내려와도 좋은데 왜 없어졌는지 모르겠구나."

"힘든 아내를 도와준다고 휴가를 얻어 놓고는 도와주기는커녕 남자들만 놀러 다니니까 그랬겠죠."

엄마의 말씀에 아빠가 큰소리로 웃었습니다.

"하하, 이거 본전도 못 찾겠다. 자, 그럼 〈경국대전〉의 내용을 좀더 살펴볼까?"

또한 '호전'에는 각 고을마다 흉년에 대비하여 조금씩 물품을 준비해 두도록 했습니다. 만약 흉년이 들어 굶어 죽은 백성이 생길 때는 그 백성을 돌보지 않은 책임을 물어 고을 수령에게 무거운 벌을 내렸습니다.

또 관청에 아픈 사람이 있다고 알리면 의원을 보내 치료를 해 주도록 했으며, 만약 급하게 의원을 불렀는데도 빨리 치료를 하러 가지 않았을 경우에는 법에 따라 처벌을 받았습니다.

죄를 지은 죄수라 하더라도 의원에게 한 달에 한 번씩 치료를 받도록 하는 것도 있습니다. 뿐만 아니라 아기를 가진 산모가 죄를 지었을 경우에는 아이를 낳고 100일 후에 벌을 받도록 했습니다.

사형 제도도 엄하게 다루어 임금에게 보고하도록 했습니다. 아무리 천한 신분이라도 '삼복 제도'라고 해서 3차례의 꼼꼼한 조사를 거치도록 했습니다.

이는 사람의 생명을 다루는 일인만큼 함부로 하지 않으려는 선조들의 깊은 뜻이 담겨 있습니다.

유교를 바탕으로 펼쳐진 문화

성종은 유교를 받드는 데 중점을 두었습니다.

무엇보다도 예의를 가장 중요하게 여겼습니다. 조상에게 제사 지내는 일은 누구나 다 지켜야 하는 예법으로 삼게 했습니다.

그와 반대로 불교에 관한 것은 모두 막았습니다. 사람이 죽으면 화장을 하는 불교의 풍습을 없앴습니다.

절도 몇 군데만 남기고 모두 문을 닫아 버렸습니다. 절에 딸린 땅과 노비도 나라 차지가 되게 했습니다. 스님들은 성안에 들어올 수도 없었으며, 양반 집의 여자들은 스님이 될 수 없게 만들었습니다.

"조선의 기틀이 성종 시대에 완전히 자리잡은 거군요."

아빠 말씀에 귀를 기울이며 메모를 하던 하늘이가 말했습니다.

"성종 임금 자신도 성리학에 깊이 빠져 있었지. 아까도 얘기했지? 성종 임금은 유학자들과 만나 뜻을 나누기를 아주 즐기셨다고. 이제 옷에 대해서는 당신이 얘기 좀 해 주지 그래요?"

아빠가 엄마를 쳐다보며 말씀하셨습니다.

"아, 결혼식 폐백 옷 말이죠? 하나도 본 적이 있지?"

엄마가 하나에게 물으셨습니다.

"예, 신부가 연지 곤지 찍고 절할 때 입었던 우리 옷 말이죠?"

"그래. 웨딩드레스는 서양식 결혼 예복이지. 우리 전통 혼례에서는 당연히 우리 한복을 입었겠지?"

"알아요. 신랑은 말을 타고 신부는 가마 타고……."

하늘이가 불쑥 나섰습니다.

"그런데 결혼할 때 신랑 신부가 입는 옷은 일반 백성들은 입을 수 없는 옷이었지."

"왜요?"

"조선 시대는 옷으로 신분을 나타냈기 때문에

옷 입는 법이 아주 까다로웠단다. 신분에 따라 언제, 어떤 옷을 입어야 하는지 〈경국대전〉에 자세히 밝혀 놓을 정도였지. 자기 신분에 맞지 않는 옷을 입으면 관가에 끌려가 벌을 받았단다."

"옷을 잘못 입었다고 벌까지 받나?"

하나는 못마땅한 표정을 지었습니다.

"그랬단다. 혼인할 때 신랑이 입는 옷은 벼슬아치들이 궁궐에 들어갈 때 입는 옷이고, 신부 옷은 공주나 옹주가 입는 옷이었지. 일반 백성들은 평생 한 번 혼인하는 날, 그런 화려한 옷을 입어 볼 수 있었던 기야."

성종이 다스리던 시대는 어느 때보다도 사는 게 넉넉해졌습니다.

그러자 사람들은 더 나은 생활을 바랐습니다.

차츰 나쁜 풍조가 싹터 화려한 옷을 좋아하는 등 생활이 점점 사치스러워져 갔습니다.

기생들의 사치스러운 옷이 일반 부녀자들에게까지 퍼졌습니다.

이러한 풍조를 없애기 위해 '사치하는 자는 곤장 100대를 친다'는 법을 만들었습니다. 특히 왕실의 사치를 엄하게 다스렸습니다. 성종은 몸소 검소한 생활을 하였습니다.

〈성종실록〉에는 다음과 같은 기록이 있습니다.

'임금이 머리에 쓰는 모자를 내다가 고치게 하였는데 터진 곳이 많고 임금 옷의 흰 동정에도 때가 많으니 왕의 검소함이 이와 같았다.'

역적을 타이르는 마음씨

성종은 백성들이 잘못을 저질렀다 해도 될 수 있는 대로 벌을 주지 않고 잘 타일러서 새로운 생활을 할 수 있도록 했습니다.

어느 날, 임금자리를 탐내 역모를 꾸민 자들이 잡혀 들어왔습니다.

"상감 마마, 이 놈들은 감히 임금의 자리를 탐내는 역적들이므로 엄하게 다스려야 합니다."

신하들은 죄인들에게 큰 벌을 내려야 한다고 입을 모았습니다.

성종은 우두머리를 쳐다보며 침착하게 생각했습니다.

'임금의 자리를 감히 탐내다니 보통은 아닐 것이다. 놈을 따르는 자들은 너무 순진한 백성이어서 잠깐 잘못 판단한 것일 터이니 우두머리 한 놈만 버릇을 단단히 고쳐 주리라.'

성종은 마침내 입을 열었습니다.

"우두머리만 빼놓고 일당들은 모두 놓아주도록 해라. 그리고 저 자를 내 방으로 들여보내도록 하라."

성종은 아직도 잘못을 뉘우칠 줄 모르는 우두머리를 가리키며 이렇게 말했습니다.

성종의 이 말에 우두머리는 어리둥절해 했습니다. 그리고 임금의 방 안으로 끌려 들어간 그는 어떻게 할 줄 몰라 쩔쩔맬 뿐이었습니다.

"자, 한 나라에 임금이 둘이 될 수는 없다. 우리 똑같이 먹고 입고 자면서 우리 둘 중에 누가 더 훌륭한 임금이 될 수 있는지 겨뤄 보자. 만약 네가 더 훌륭하다고 생각되면 내가 임금자리를 물려주마."

우두머리는 그러한 성종의 넓은 마음에 감동해서 머리를 바닥에 대고 잘못을 빌었습니다.

"상감 마마, 죽을 죄를 지었습니다. 이렇게 어지신 임금님을 몰라 뵈었습니다. 상감 마마께서는 과연 듣던 대로 이 나라 백성의 훌륭한 어버이십니다."

"임금의 자리는 아무나 차지하는 것이 아니라는 걸 알았느냐? 널 살려줄 테니 그 용기를 좋은 곳에 써서 잘 살아보아라."

"황공하옵니다, 상감 마마."

큰 벌을 내려야 한다고 외치던 신하들마저 성종의 넓은 마음에 감탄하였습니다.

숯장수 김희동에게 쏟은 애정

깊은 밤이었습니다. 평범한 옷차림의 성종이 홀로 종로 광통교 다리를 지나고 있었습니다.

멀리서 신하 한 명이 뒤따르고 있을 뿐 거리는 퍽 조용했습니다.

앞서 걷던 성종은 문득 걸음을 멈추고 다리 밑을 내려다보았습니다. 다리 아래에는 이상한 물체가 있었습니다. 자세히 살펴보니 사람이었습니다.

"뉘신데 이 밤중에 다리 밑에 쪼그리고 앉아 있소?"

성종은 그 사람이 놀라지 않도록 편안한 목소리로 물었습니다.

"예. 나는 경상도 흥해에서 숯을 굽고 있는 김희동이라는 사람인데, 서울에 온 김에 우리 임금님 좀 찾아 뵙고 싶어서 아침을 기다리는 중입니다."

"임금을 만나시겠다고요?"

"그렇소이다. 우리 백성들을 이렇게 편안하게 살도록 해 주신 어진 임금님을 내 꼭 찾아 뵈려고 합니다. 혹시 임금님이 사시는 곳을 아시오? 임금님을 만나면 드리려고 이 해삼과 전복을 싸 왔다오."

김희동은 해삼과 전복을 싼 보자기를 자랑스럽게 들어 보였습니다.

성종은 터져 나오려는 웃음을 억지로 참으며 말했습니다.

"임금은 그렇게 아무나 만나 볼 수 있는 사람이 아니오. 그 먼 데서 올라와 임금님을 뵙겠다고 다리 밑에서 기다리고 있다니 정성이 갸륵하구려. 내가 힘닿는 데까지 도와주겠소."

"아이고. 서울 양반 고맙기도 하지. 꼭 임금님을 만나게 해 주시오. 내 간절한 소원이오."

다음날입니다. 낯선 사람이 김희동을 찾아와 옷을 건넸습니다.

"이 옷을 입고 나를 따라오면 임금님을 뵐 수 있을 것이오."

"그게 정말이오?"

어리둥절해 있던 숯장수 김희동은 기뻐서 어쩔 줄을 몰랐습니다.

김희동은 들고 온 해삼과 전복을 꼭 껴안고서 그 사람을 따라 궁궐로 들어갔습니다. 그리고 임금님 앞으로 나아간 그는 깜짝 놀랐습니다.

"아니, 이게 어떻게……."

임금님 자리에 앉아 있는 얼굴은 바로 전날 밤 다리 위에서 말을 건넸던 서울 양반이었기 때문입니다.

김희동은 허겁지겁 임금님에게 올리려 했던 해삼과 전복을 놔두고 도망치듯 그 자리를 빠져 나왔습니다.

"저 사람이 편하게 집으로 돌아갈 수 있게 하라."

성종은 숯장수 김희동에게 말과 상금을 내려 집으로 편히 돌아갈 수 있도록 해 주었습니다.

아무리 신분이 낮은 사람이라도 그 소원을 들어주려 애쓰는 임금님의 넓은 사랑에 신하들은 모두 감격하고 말았습니다.

최부의 표해록

추자도 앞바다에 엄청난 폭풍우가 몰아쳤습니다. 그 앞을 지나던 최부 일행이 탄 배는 산산이 부서지고 말았습니다.

다행히 목숨은 건질 수 있었습니다. 그러나 추위와 배고픔에 시달리며 바다 위를 떠다닌 지 13일째, 기진맥진한 최부 일행은 마침내 육지에 오르게 되었습니다.

"육지에 닿았으니 이제 우리는 살았다. 하늘이 도우신 일이야."

"예, 그렇습니다. 어서 먹을 것을 얻어야겠습니다."

최부 일행은 목숨만이라도 건진 걸 천만다행으로 여기며 기쁨에 들떠 있었습니다.

하지만 기쁨도 잠시, 최부 일행은 중국 명나라 군사에게 잡히고 말았습니다.

그 곳은 왜구 침략으로 시달려 온 곳이었는데, 나라에서는 왜구를 잡아오는 사람에게 큰 상금을 내렸습니다. 명나라 군사들은 최부와 그 일행을 왜구로 생각했던 것입니다.

최부는 명나라 관리에게 끌려갔습니다.

"우리는 왜구가 아니오. 조선에서 온 사람들인데 풍랑을 만나 이 곳까지 떠밀려 온 것이오."

그렇게 입을 연 최부는 조선의 역사와 여러 가지 풍물 등을 뛰어난 말솜씨로 막힘 없이 얘기해 주었습니다. 명나라 관리는 그의 넓은 지식에 놀라며 왜구가 아니라는 것을 알고 최부 일행을 풀어 주었습니다.

최부는 학문이 깊고 과거 시험에도 합격한 이름 난 선비였습니다.

그가 펴낸 〈동국통감〉, 〈동국여지승람〉과 같은 책만 보아도 알 수 있습니다. 최부는 머나먼 길을 여행하면서 중국 사람으로부터 극진한 대접을 받았습니다.

최부는 중국 여행을 하면서 조선의 '선비 정신'을 조금도 잃지 않았습니다.

그것은 어떤 일에도 쉽게 주저앉지 않는 꿋꿋한 정신과 어디서든 나라를 먼저 생각하는 마음, 권력에 굽

실거리지 않는 당당한 몸가짐이었습니다.

중국 땅에 머무는 동안 최부에게 조선이라는 나라에 대해 듣고 싶어하는 관리들이 줄을 이어 찾아왔습니다. 북경에 도착해서는 중국 황제로부터 상을 받기도 했습니다.

조선에 돌아온 최부는 성종으로부터 중국에 다녀온 것을 기록으로 남기라는 명령을 받았습니다.

최부는 1만 리가 넘는 길을 지나며 일일이 적어 놓은 기록과 날카로운 관찰력으로 〈표해록〉을 펴냈습니다. 〈표해록〉은 유명한 마르코폴로의 〈동방견문록〉과도 견줄 수 없을 만큼 여러 가지 내용이 놀랄 만큼 또박또박 쓰여 있습니다.

"우리 하늘이도 메모를 잘 하는 걸 보니 최부의 선비 정신을 이어받은 것 같구나."

아빠가 하늘이의 머리를 쓰다듬어 주었습니다.

"아빠, 성종 임금 이야기가 벌써 끝난 거예요?"

하나가 아쉬운 표정을 지었습니다.

"성종은 25년 1개월이나 임금자리에 있었으니 아직도 얘기가 많지. 다음에 기회 있을 때 다시 하기로 하고 오늘은 여기까지만 하자."

"아빠, 성종 임금 대에는 정말로 좋은 일만 일어났나 봐요."

"그래도 한 가지 어려운 일도 있긴 있었지. 왕비를 내쫓은 일이란다."

"왕비를 내쫓아요?"

"그래, 하늘이는 연산군에 대해서 많이 들어 봤지? 성종이 내쫓은 왕비가 연산군의 어머니란다."

"아빠, 그런데 임금을 왜 연산군이라고 '군'을 붙여요? '군'은 왕이 되기 전에 왕세자나 왕자들에게 붙이는 거잖아요."

하늘이가 캐물었습니다.

"그래. 그것은 성종 다음 임금인 연산군 때 자세하게 이야기하기로 할까? 왕비 일도 그 때 같이 얘기하기로 하고. 하나도 그 때까지 참을 수 있지?"

"예!."

하나네 가족은 선릉을 나와 선릉 지하철역으로 걸음을 옮겼습니다.

제10대 연산군

하나네 가족이 찾아간 연산군의 능은 몹시 초 리했습니다.

지금까지 찾아가 보았던 왕릉과는 비교도 할 수 없었습니다.

능의 크기도 그렇고 세워져 있는 비석도 초라 하기 짝이 없었습니다.

연산군의 능은 아파트가 많이 들어서 있는 방 학동의 산기슭에 위치해 있었습니다.

"오늘 너희들을 여기 데리고 온 건 쫓겨난 임금의 잘못을 알아보고 역사의 교훈으로 삼기 위해서란다."

"임금도 쫓겨날 수 있어요, 아빠?"

하나의 눈이 동그래집니다.

"그래, 임금도 정치를 잘못하면 신하들에 의해서 왕위에서 쫓겨날 수 있었단다. 연산군이 그 첫 번째 임금이지."

"왜 쫓겨났는데요?"

"그건 차차 알아보도록 하자. 그런데 연산군을 왜 '군'으로 부르는지 궁금하다고 했지?"

"다른 임금은 태조나 세종처럼 '조'나 '종'을 붙여 부르는데 연산군은 왜 '군'이라고 부르는지 모르겠어요."

"그래, 좋은 물음이다. 연산군은 잘못을 저지르고 임금의 자리에서 쫓겨났기 때문에 왕자에게나 붙이는 군이 된 거란다."

"쫓겨난 걸 보면 나쁜 짓을 많이 했나 봐요?"

하나는 말갛게 아빠 얼굴을 올려다봅니다.

"그래, 조선 시대를 통틀어 가장 못된 임금이었지. 그래서 폭군이라고 불린단다. 폭군이란 말 들어 보았지?"

"로마 황제 네로를 폭군이라고 했어요. 영화에서 보았어요."

하늘이가 얼른 대답했습니다.

"바로 그렇다. 연산군은 조선의 네로 황제에 가깝단다."

"연산군은 왜 그렇게 폭군 짓을 했을까요. 이해할 수가 없어요."

엄마가 혀를 찼습니다.

"사실은 연산군에 대해서는 너희들에게 들려주기도 싫단다. 그러나 역사의 한 부분이니 들려주지 않을 수가 없구나."

무오사화

"연산군이 가장 먼저 저지른 못된 일이 무오사화라는 것이란다. 많은 사람이 죽고 귀양 간 사건이었지."

"저도 들어 본 것 같아요."

하늘이가 말했습니다.

"그래, 워낙 유명한 일이라 역사책에서 읽었을 거다. 그 사건은 이렇게 해서 일어났단다."

연산군이 왕이 된 지 4년이 지난 1498년이었습니다.

이 무렵, 조정은 나라에 공을 세워 높은 벼슬에 오른 신하들이 모인 '훈구파'와 성리학을 공부하여 새로이 벼슬길에 오른 선비들이 모인 '사림파'로 갈라져 있었습니다.

특히 사림파는 성종 시대에 벼슬을 했던 인물이 많았습니다.

바른 말을 잘 하고 오래된 것을 뜯어고치려는 사림파와 오랫동안 조정을 이끌어 온 훈구파는 서로 헐뜯는 사이로 변하고 말았습니다.

그러자 훈구파들이 평소부터 선비를 싫어하는 연산군을 부추겨 사림파를 모조리 내몬 사건이 터졌는데, 바로 '무오사화'입니다. 무오사화의 빌미가 된 것은 사림파의 중심이었던 김종직의 '조의제문'이라는 글 때문이었습니다.

그 글은 옛날 중국에서 있었던 사건을 빌려, 세조가 단종의 왕위를 빼앗은 것을 은근히 비난하는 내용이었습니다.

이극돈, 유자광 등 훈구파는 이 글을 트집잡아 연산군을 꼬드겨 김일손 등 사림파를 모함하였습니다.

그렇지 않아도 말썽 많은 사림파를 몹시 싫어하고 있던 연산군은 이 기회에 그들을 모조리 없애 버리기로 했습니다.

결국 이 사건으로 수많은 선비들이 화를 입고 죽거나 귀양 갔습니다.

특히 그 글을 썼던 김종직은 이미 죽고 없었으므로 무덤을 파헤쳐 시체의 목을 베었습니다.

"죽은 사람의 목을 베다니 너무 끔찍해요, 아

빠."

하나가 몸서리를 치자 엄마가 안아 주었습니다.

"아, 그런 형벌도 있었구나……."

하늘이가 혼잣말처럼 중얼거립니다.

"그것을 '부관참시'라고 하는데 정말 끔찍한 일이지."

"그래서 어떻게 됐어요, 아빠?"

아직도 겁먹은 표정으로 하나가 묻습니다.

"그 일이 있은 뒤, 선비 차림을 한 사람들이 길에서 자취를 감추었고, 글방에서는 글 읽는 소리가 끊기고 말았단다. 폭군 임금을 아무도 용서할 수 없었던 거지."

갑자사화

"그런데 연산군이 그렇게 나빠진 건 죽은 어머니 때문이라는 말도 있던데요?"

하늘이가 거들었습니다.

"그래, 저번에 잠깐 말했듯이 연산군의 어머니는 왕비의 자리에서 쫓겨나 사약을 받고 죽었단다."

"그래서 화가 나서 나쁜 일만 한 거예요?"

하나가 물었습니다.

"그 일이 연산군에게 충격적이었을 수도 있지. 성격도 당연히 거칠어졌을 것이고. 그러나 연산군은 본래부터 매우 거칠고 사나운 성격이었다고 하더구나. 어쨌든 연산군은 죽은 어머니의 원수를 피비린내 나는 사건을 일으켜 기어코 갚고 말았단다."

아빠 대신 엄마가 설명을 해 주셨습니다.

무오사화 이후 연산군은 정치에는 관심이 없고 놀고 즐기는 일에만 매달렸습니다. 그 버릇은 시간이 지날수록 심해져 갔습니다.

매일같이 큰 잔치를 베풀고 기생을 불러 놀기만 했

습니다.

사림파가 사라진 뒤 아무도 연산군을 말리지 못했습니다. 모두 연산군의 불같은 성격을 두려워하였습니다.

그렇게 하루도 빠짐 없이 놀고먹는 데 매달리다 보니 자연히 나라살림은 바닥이 나고 말았습니다.

연산군은 텅 비어 버린 창고를 채우기 위해 훈구파들의 재산을 빼앗을 궁리를 했습니다.

훈구파들에게는 지난 날 공을 세우고 나라에서 받은 땅이 많았습니다.

"그 땅이 어떤 땅인데 뺏으려 한다는 거야!"

훈구파들은 몹시 화를 냈습니다.

그 때, 훈구파를 미워하고 있던 임사홍 등이 연산군에게 훈구파를 몰아내야 한다고 부추겼습니다. 훈구파들은 하루아침에 내쫓기게 되었고, 그 사건이 저 끔찍한 '갑자사화'입니다. 훈구파들을 내쫓으면서 빌미로 내세운 것이 연산군의 어머니인 폐비 윤씨의 일이었습니다.

"연산군의 친어머니 윤씨는 연산군이 네 살

때 왕비의 자리에서 쫓겨났단다."

"왜 쫓겨났는데요, 아빠?"

"연산군의 어머니는 질투가 몹시 심한 여자였어. 그래서 연산군의 아버지 성종의 미움을 사서 쫓겨나고 말았지."

"성종이 다른 후궁들과 어울리자 화가 나서 임금의 얼굴을 손톱으로 할퀴었다면서요?"

엄마가 물었습니다.

"그런 일이 있었지. 어쨌든 그 윤씨의 일로 어마어마한 복수 극이 벌어진 셈이지."

그 일은, 연산군이 윤씨가 죽으면서 토해 놓은 소맷자락의 피를 보게 되는 것으로 시작되었습니다. 죽은 지 25년이 지난 뒤의 일이었습니다.

연산군은 그 피 묻은 소맷자락을 보자 끓어오르는 분노를 참지 못했습니다. 윤씨가 사약을 받도록 농간을 부렸다며 성종의 두 후궁을 직접 없애고, 그 행동을 나무라는 할머니 인수대비를 머리로 들이받기도 했습니다.

그것만이 아닙니다. 연산군은 윤씨가 쫓겨날 때의 신하들과 벼슬아치를 모조리 죽이거나 귀양 보냈습니다. 그리고 그들의 재산을 빼앗고 그 가족들까지 종으로 삼았습니다.

지위가 높고 몸가짐이 바른 신하와 선비들 치고 죽지 않은 사람이 없었다고 할 만큼 피비린내 나는 사건이었습니다. 죽은 사람이 수백 명에 달했다고 합니다.

"너무 심했어요. 어떻게 왕이 그럴 수 있죠? 꼭 미친 사람 같아요."

하늘이가 얼굴을 잔뜩 찌푸렸습니다.

"그렇단다. 그 무렵에는 정말로 임금이 미쳤다는 말이 돌았단다. 아빠도 그런 슬픈 역사를 너희들에게 들려주기가 몹시 고통스럽구나."

"세종대왕처럼 훌륭한 왕들이 많았다면 우리나라는 훨씬 더 빠르게 발전할 수도 있었을 텐데."

엄마가 한 마디 거들었습니다.

"한 나라의 임금이 그렇게 될 수도 있나요?"

하늘이는 아직 믿어지지 않는 모양입니다.

"역사의 가르침이니 연산군을 좀더 살펴보고 얘기를 끝내자."

연산군의 폭정

연산군은 어지럽고 아주 사나운 방식으로 나라를 다스렸습니다.

갑자사화를 거친 연산군은 임금에게 이것저것 충고하는 일을 맡았던 홍문관과 사간원이란 관청을 아예 없애 버렸습니다.

누구도 자신이 하는 일을 반대하지 못하게 한 것입니다. 그것도 모자라서 다음과 같은 글을 새겨 벼슬아치들이 차고 다니게 했습니다.

'입은 화를 부르는 문이고, 혀는 몸을 베는 칼이다. 입을 다물고 혀를 깊이 간직하면 편하고 안전할 것이다.'

말하자면 옳은 소리는 아예 듣지 않겠다는 독재자의 본보기를 보인 셈입니다. 아무리 그렇게 입을 막아도

연산군의 잘못된 정치를 욕하는 글이 거리에 나붙은 적이 있었습니다. 그 글은 한글로 씌어 있었습니다.

한글로 써 붙은 그 글을 읽은 뒤 연산군은 한글로 된 책이라면 모조리 불살라 버렸습니다. 당연히 한글 공부는 가르치지도 못하게 했습니다. 우리글의 발전을 막은 잘못을 저지른 것입니다.

선비를 몹시 싫어한 연산군은 성균관을 놀이터로 만들어 버리고, 서울의 도성 밖 곳곳에 표지판을 세워 백성들이 살지도 못하게 하거나 드나들지도 못하게 했습니다. 재미있게 노는데 사람들이 오가면 방해가 된다고 생각했던 것입니다.

무거운 세금으로 백성들의 생활은 엉망진창이 되어 있었습니다. 그런데도 연산군은 날이 갈수록 심해지기만 했습니다.

모두들 폭군 임금을 내쫓고 새 임금이 나타나기를 속으로 빌고 빌었습니다.

"나쁜 임금을 몰아내고 새 임금을 세우는 것을 '반정'이라고 한단다."

"결국 연산군은 반정으로 쫓겨났군요."

하늘이가 얼른 대꾸했습니다.

"그렇단다. 마침내 반정이 일어나고 연산군은 쫓겨나게 되지. 그런 뒤 연산군의 동생이 새 임금자리에 올랐단다."

"왕이 나쁘게 행동하니까 반정이 일어난 거죠, 아빠?"

하나도 한 마디 거듭니다.

"그래, 그 사건을 '중종 반정'이라고 부르는데, 다음에 더 자세히 알아보도록 하자."

성종의 뒤를 이어 1494년에 임금자리에 올랐던 연산군은 1506년에 물러나 강화도로 귀양을 떠났습니다. 그리고 그 해에 세상을 떠났습니다.

 서울 강남구 삼성동에 있는 중종의 능인 정릉을 가기로 한 날입니다.
 이른 아침, 잠에서 깨어난 하나는 창 밖을 내다보며 잔뜩 얼굴을 찡그립니다.
 "어제는 괜찮았는데 오늘 비가 오면 어떻게 해. 일기 예보엔 흐리기만 한다고 했는데."
 "나들이 가기는 틀렸잖아."
 하늘이도 하늘을 쳐다보며 투덜거렸습니다.

"아마 하늘이 아빠를 봐주느라 비를 뿌리나 보다. 아빠가 너무 피곤하시거든. 오늘은 비가 오니까 아빠는 편히 쉬시라고 하고, 엄마랑 이야기하는 걸로 역사 공부를 대신하자."

엄마가 하늘이와 하나를 위로하였습니다.

중종 반정

임금이 된 연산군은 날이 갈수록 나쁜 일들만 저질렀습니다. 학문을 싫어하고 학자를 멀리하였습니다. 유생들이 공부하던 성균관을 술 마시는 놀이터로 만들어 버렸습니다. 그리고 조선 불교의 상징이었던 원각사의 스님들을 모두 내쫓은 뒤 기생들이 그 곳에서 살도록 했습니다.

연산군은 큰어머니인 월산대군 부인 박씨까지 못살게 굴었습니다. 박씨 부인은 연산군의 행패를 참아 내지 못하고 스스로 목숨을 끊고 말았습니다.

'도저히 이대로 두고 볼 수가 없다.'

연산군의 횡포에 사람들은 치를 떨었습니다. 그 중

에는 박씨 부인의 동생 박원종도 있었습니다.

'내 반드시 연산군을 내쫓고 말리라.'

마침내 박원종은 관직에서 쫓겨난 성희안 등과 뜻을 모아 군사를 일으켰습니다. 연산군은 술판을 벌이고 있다가 군사들이 일어났다는 소식을 들었습니다.

"뭐, 뭐라고? 역모!"

넋이 나간 연산군은 연회장을 뛰쳐나가 허둥대며 대궐을 지키는 군사를 찾았습니다. 그러나 그 때는 이미 박원종이 일으킨 군사가 대궐을 차지한 뒤였습니다.

그런 줄도 모르고 연산군은 박원종을 보자 반갑게 말했습니다.

"오, 여기 있었구려. 역모를 일으킨 놈들로부터 나를 지켜 주오."

순간 박원종은 군사를 향해 외쳤습니다.

"여봐라, 연산군을 결박 지워 끌어내거라!"

박원종은 연산군을 강화도로 귀양 보냈습니다. 그리고 어머니가 다른 연산군의 동생 진성대군을 중종 임금으로 모셨습니다. 때는 1506년 중종 임금의 나이 19세였습니다.

연산군이 임금이 된 지 12년 만에 쫓겨난 이 일을

'중종 반정'이라고 합니다.

중종의 개혁 정치와 기묘사화

연산군이 쫓겨나고 새 임금 중종이 정치를 펴자 살기 좋은 세상이 되는 줄 알고 백성들은 저마다 기뻐했습니다.

그런데 이번에는 '중종 반정'에서 공을 세운 박원종, 성희안 등이 권력을 잡고 마음대로 세도를 부렸습니다. 하늘 높은 줄 모르고 치솟은 그들의 권력은 임금까지도 눈치를 보게 만들었습니다.

공신들은 왕비 신씨를 역적의 딸이라 하여 대궐 밖으로 쫓아냈습니다. 신씨의 아버지 신수근이 중종 반정 때 역적으로 몰려 죽었기 때문입니다.

중종 임금은 어려운 일을 겪으면서도 선비들을 아끼는 정치를 폈습니다. 임금에게 도움말을 주던 홍문관의 기능을 높이고, 무오사화 때 억울하게 화를 입었던 선비들의 죄를 풀어 주었습니다.

그리고 '청백리 제도'를 두고 훌륭한 벼슬아치를 가려냈습니다. 청백리란 마음과 행동이 바른 벼슬아치를 말합니다.

그래서 이들은 재물을 탐내거나 백성을 괴롭히는 일이 없었습니다. 이렇게 뽑은 청백리는 그 이름을 문서로 남겨 오래도록 잊히지 않게 했습니다.

중종은 임금의 세력을 신하들의 세력보다 크게 만들려고 노력했습니다. 처음에는 별로 달라진 것이 없다가 시간이 흐르면서 그 효과가 조금씩 나타나기 시작했습니다.

중종 반정을 이끈 박원종이 죽자 하늘 높은 줄 몰랐던 공신 세력이 그 빛을 잃었습니다.

벼슬아치들 사이에서도 정치가 새로워져야 한다는 목소리가 높아졌습니다.

여기에 앞장선 사람이 조광조였습니다.

조광조는 무오사화로 귀양살이를 하던 김굉필에게서 학문을 배웠습니다. 그리고 과거 시험에 합격하여 성균관에 입학함으로써 새로운 세력의 중심 인물로 떠올랐습니다.

중종 임금은 조광조를 불러들여 정치를 맡기다시피 했습니다. 이 때부터 중종은 조광조와 더불어 빈틈없는 유교 정치를 펼쳐 나갔습니다.

조광조가 내세워 나라 안에 두루 편 '여씨향학'은 본래 송나라 학자 여대충이 지은 것입니다. 중종은 유교의 가르침을 곁들인 민간 자치 기율을 심는 데 힘을 쏟았습니다.

그리고 과거 시험으로 훌륭한 인물을 뽑는 데는 어려움이 있다고 여긴 조광조는 사림이 추천한 인재를 뽑는 '현량과'를 만들어 새로 뽑힌 사람들을 중요한 자리에 앉혔습니다.

시간이 지날수록 조광조를 둘러싼 무리들의 힘이 강해지기 시작하였습니다. 예전의 공신들처럼 권력을 마구 휘둘러대기까지 했습니다.

"상감 마마, 반정에 별일도 하지 않은 사람이 공을 세웠다고 공신에 끼어 있사옵니다."

조광조는 공신에 낄 수 없는 벼슬아치를 가려내어 나라 살림이 축나는 것을 막고 싶은 생각에 그런 말을 임금 앞에서 했습니다.

중종은 조광조를 믿고 있었지만 그 의견만은 반대했습니다. 반정 공신들이 아니었다면 연산군의 폭정은 계속되었을 것이고, 자신은 임금자리에 오를 수도 없었기 때문입니다.

조광조도 쉽게 그 뜻을 굽히지 않았습니다. 조광조의 뜻이 옳다고 나서는 사람들도 많아졌습니다.

그러자 중종도 더 이상 버틸 수가 없었습니다.

"공신이 아닌 자를 가려내라!"

그런 명령을 내리고 말았습니다. 그리하여 하루아침에 많은 벼슬아치들이 공신 자리에서 쫓겨났습니다.

'조광조 이 놈, 언제까지 네 놈이 임금 곁에 붙어 있는지 두고 보자.'

조광조의 힘을 두려워하던 남곤과 심정은 중종의 후궁인 홍씨의 아버지 홍경주의 집에서 자주 만났습니다.

그러던 어느 날이었습니다. 홍씨는 대궐 뜰을 거닐다가 이상한 나뭇잎 하나를 주웠습니다. 그리고 그 나뭇잎을 중종에게 보여주었습니다.

"이게 무엇이오?"

중종은 나뭇잎을 들여다보다가 깜짝 놀랐습니다. 벌레가 갉아먹어 생겨난 글자가 또렷이 보였던 것입니다.

'주초위왕(走肖爲王)'

주(走)자와 초(肖)자를 합치면 조(趙)자가 됩니다.

그러니 이것은 조씨 성을 가진 사람이 임금이 된다는 뜻이었습니다.

"상감 마마, 조씨라면 조광조를 이르는 것이 아니옵니까? 실로 그의 세력이 너무 크옵니다."

홍씨의 근심스런 얼굴을 보며 중종은 고개를 끄덕였습니다.

중종도 조광조가 마음에 걸렸던 것입니다.

이것은 조광조의 힘을 꺾으려는 사람들이 꾸며낸 짓이었습니다. 나뭇잎에 꿀물로 글씨를 써 놓고 벌레가 갉아먹게 했던 것입니다.

기회만 엿보던 남곤, 심정, 홍경주 등이 대궐로 달려 들어왔습니다.

"상감 마마, 역적 조광조를 당장 잡아들이옵소서."

마침내 대궐이 벌컥 뒤집히는 일이 벌어졌습니다.

조광조, 김구, 김식, 유인숙 등이 잡혀 들어왔습니다. 이어 그들을 죽이라는 임금의 명이 떨어졌습니다.

"조광조는 죄가 없사옵니다. 조광조를 살려 주옵소서!"

성균관 학생들이 몰려와 외쳤습니다.

중종은 할 수 없이 그들을 죽이지 말고 귀양을 보내라고 명령을 바꾸었습니다. 그러자 이번에는 남곤, 심정 등이 반대하고 나섰습니다.

"상감 마마, 조광조를 살려 두시면 언제 다시 역모를 일으킬지 모르옵니다. 부디 이번 기회에 목을 베옵소서."

중종의 명령이 다시 떨어졌습니다.

"조광조에게는 사약을 내리고, 나머지 죄인들은 먼 섬으로 귀양을 보내도록 하라!"

그리고 조광조를 도우려 했던 많은 사람들까지 한꺼번에 화를 입었습니다. 이 일을 '기묘사화'라고 합니다.

이처럼 훈구파와 사림파의 싸움 속에서도 새로운 정치를 꿈꾸었던 중종은 38년이라는 긴 세월 동안 임금으로 있다가 1544년에 세상을 떠났습니다.

엄마는 이야기를 끝내고 하나와 하늘이를 번갈아 바라보며 물었습니다.

"엄마와 역사 찾아가기가 재미있었니?"

"예, 재미있었어요. 하지만 정릉에 못 간 것은 섭섭해요."

"저두요. 다음에 기회가 되면 꼭 가 보도록 해요."

하나와 하늘이는 못내 섭섭한 표정을 지우지 못합니다.

제12대 인종

토요일 오후, 학교에서 돌아온 하나는 책상 위에 놓인 엄마의 글을 보았습니다.

사랑하는 하나에게

아빠와 엄마는 할머니 병 문안 갔다가 밤 늦게야 돌아올 것 같구나.

내일 역사 찾아가기는 인종 임금 차례인데 아무래도 나들이는 어려울 것 같다. 그래서 지금까지와는 달리 하나가 우리 가족에게 인종 임금 이야기를 들려주었으면 한다.

　너무 놀라지 말아라. 네가 읽기만 하면 인종에 대한 이야기를 할 수 있도록 엄마가 충분한 얘깃거리를 모아 두었다. 아무쪼록 그 글들을 읽고 재미있는 역사 이야기를 들려주기 바란다.

　하나는 밤 늦도록 엄마가 간추려 놓은 인종에 대한 글을 몇 번이고 읽었습니다. 하나의 머릿속은 온통 인종의 이야기로 가득 찼습니다.

　'이만하면 내일 이야기는 잘 할 수 있겠다. 이제 그만 자야지'

　하나는 밤 늦게야 불을 끄고 자리에 눕습니다. 자신이 들려주는 인종의 이야기에 귀를 기울이며 즐거워할 가족들의 모습을 떠올리며 하나는 꿈나라로 떠납니다.

　일요일입니다.

　늦잠에서 깨어난 하나는 머릿속을 가다듬었습

니다. 그리고 어제 읽은 인종에 대한 이야기를 하나씩 정리했습니다.

"엄마, 아빠, 모두 모이세요. 오빠도!"

하나는 거실로 나가 큰소리로 외쳤습니다. 식구들이 모두 모이고, 하나는 조금 떨리는 마음으로 인종에 대해 설명하기 시작하였습니다.

어질고 착한 임금

인종 임금은 중종 임금의 맏아들로 태어났습니다. 그러나 태어난 지 7일 만에 어머니가 세상을 떠났기 때문에 중종 임금의 셋째 부인 문정왕후의 손에서 자랐습니다.

인종은 세 살 때부터 글을 읽을 만큼 머리가 좋았습니다. 게다가 성품이 조용하고 효성이 지극하여 주위 사람들의 칭찬이 자자했습니다.

그러나 문정왕후는 성격이 사나웠습니다. 언제든

인종을 죽일 기회만 엿보고 있었습니다.

세자가 된 뒤 4년이 지난 어느 날 밤이었습니다. 한 남자가 검은 천으로 얼굴을 가린 채 숨어들었습니다. 남자는 세자와 세자빈이 깊이 잠든 것을 보고 문을 잠가 버렸습니다.

그리고 담 위로 뛰어오른 남자는 등에 멘 화살 통에서 화살을 꺼내 들었습니다. 화살촉에는 기름 먹인 솜이 감겨 있었습니다. 남자는 그 화살촉에 불을 붙인 다음 세자가 잠든 곳을 향해 쏘았습니다. 이윽고 무섭게 불길이 솟구치는 것을 보고 남자는 담에서 사라졌습니다.

세자는 가슴이 답답하고 숨이 막혀 잠에서 깨어났습니다. 방안은 매운 연기로 가득했고, 문밖에서는 시뻘건 불길이 치솟고 있었습니다.

"불이다, 불이야!"

세자는 소리치며 세자빈의 손을 잡고 방안에서 뛰쳐나오려 했습니다. 그러나 문이 열리지 않았습니다.

"게 아무도 없느냐? 문 열어라!"

세자가 외쳤습니다. 그 때에야 누군가 소리쳤습니다.

"세자께서 안에 계신다. 문을 때려부숴라!"

사람들이 우르르 몰려와 힘을 합해 문을 밀쳤습니다. 드디어 문이 열리고 세자와 세자빈은 무사히 밖으로 뛰쳐나왔습니다.

　이 일은 문정왕후의 동생 윤원형의 짓임을 누구나 다 알았습니다. 그러나 용기 있게 나서서 말하는 사람이 한 명도 없었습니다. 그만큼 문정왕후와 윤원형의 권력이 컸던 것입니다.

　인종은 여섯 살의 어린 나이에 세자가 되어 25년 뒤인 1544년에 임금자리에 올랐습니다.

　인종 임금은 어진 선비를 밑에 두고 바른 정치를 펴 나가고 싶었습니다. 그런 인종은 숨은 인재를 널리 얻기 위해 기묘사화로 없어졌던 현량과를 다시 만들었습니다. 그리고 기묘사화 때 죽은 조광조의 억울함을 풀어 주고 벼슬을 내렸습니다.

　그러나 인종 임금은 바르고 큰 정치를 미처 펴 보지도 못한 채 9개월 만인 31세의 젊은 나이로 세상을 떠나고 말았습니다.

　인종 임금이 이토록 빨리 죽은 까닭은 문정왕후 때문이라고 합니다. 문정왕후는 인종을 너무나 미워했습니다.

그러나 인종은 그러한 문정왕후를 미워하거나 싫어하지 않고 오히려 자신의 효성이 부족한 탓으로 돌렸습니다. 그리고 인종은 계모지만 자신을 키워 준 문정왕후에게 효도를 다하기 위해 문정왕후가 낳은 배 다른 동생인 경원대군에게 왕위를 물려 줄 생각을 하고 아이를 갖지 않았습니다.

인종 임금의 능은 경기도 고양시 원당동에 있는데, 임금의 효성을 기리는 뜻으로 능 이름을 효릉이라고 했습니다.

하나가 이야기를 끝내자 가족들은 모두 박수를 쳤습니다.

"우리 하나, 참 대단하다."

아빠는 하나를 칭찬하며 번쩍 안아 주었습니다.

"인종 임금이 9개월밖에 왕의 자리에 없었기 때문에 내용이 짧으니까 쉬웠어요."

하나는 얼굴을 붉히며 방긋 웃었습니다.

제13대 명종

　인종 임금에 대한 이야기를 하나가 했던 것처럼 이번에는 하늘이가 명종 임금 이야기를 하기로 하였습니다.

　"세 번쯤 읽으면 명종 임금에 대한 얘깃거리가 머릿속에 그려질 거야. 그것을 간추려 적었다가 이야기 도중에 막히면 참고하면 좋지. 초등 학교에서 꼭 알아두어야 할 명종 임금 이야기를 하나가 알아들을 수 있게 들려주면 된다."

아빠가 하늘이의 어깨를 다독이며 격려해 주었습니다.

하늘이는 아빠께서 건네 주신 명종 임금에 대한 내용을 세 번 읽었습니다. 그런 다음 아빠 말씀대로 내용을 간추린 노트를 들고 가족들 앞에 섰습니다.

"실망을 드리면 어쩌죠?"

하늘이의 말에 엄마가 빙그레 웃었습니다.

"우리 하늘이가 얼마나 잘 하는데 겁을 내니?"

그 말에 하늘이는 용기를 내고 명종 임금 이야기를 시작했습니다.

을사사화

인종 임금의 뒤를 이어 열두 살밖에 안 된 경원대군이 명종 임금이 되었습니다. 때는 1545년이었습니다.

어린 명종은 어머니 문정왕후의 수렴청정을 받아야 했습니다. 그러자 나라 권력은 문정왕후의 동생 윤원형 무리에게 돌아갔습니다.

사람들은 모이면 수군거렸습니다.

"이제 소윤들 세상이 되겠군."

"그럼, 벌써부터 대윤들이 끽 소리도 못하잖아."

소윤이란 문정왕후의 친정 쪽 사람들을 말하는데, 그 우두머리는 윤원형입니다. 그리고 대윤은 장경왕후의 친정 쪽 사람들로 중종, 인종 임금 때 권력을 휘둘렀던 윤임이 우두머리였습니다.

마침내 윤원형 무리는 윤임 무리를 벼슬자리에서 내몰고 없앨 궁리를 세웠습니다.

윤원형은 경기도 관찰사 김명윤을 불렀습니다.

"윤임이 임금을 몰아내려 한다고 그럴듯하게 꾸며 임금께 올리시오."

명종과 문정왕후는 김명윤의 글을 읽고 몸을 부들부들 떨었습니다.

"윤임이 못된 일을 꾸민다는 게 여기에 자세히 적혀 있소. 인종 임금 때부터 그는 다른 왕자를 임금으로 모시려 했소."

명종과 문정왕후 앞으로 끌려온 윤임은 펄쩍 뛰었습니다.

"절대로 그런 적이 없습니다."

그러나 아무도 윤임의 말을 귀담아 듣지 않았습니다.

"이 글로써 우찬성 윤임이 우리를 죽이려 했다는 사실이 밝혀졌소. 그러니 그의 죄를 낱낱이 밝혀 그에 마땅한 벌을 주도록 하시오."

이리하여 윤임과 그를 따르던 벼슬아치들이 억울한 누명을 쓰고 죽거나 귀양을 갔습니다. 이 사건을 '을사사화'라 합니다.

양재역 벽서 사건

'을사사화'로 대윤 무리들의 힘이 완전히 꺾이고 말았습니다. 그러나 아직 소윤 쪽에서 마음을 완전히 놓을 단계는 아니었습니다.

윤원형은 마지막으로 남은 대윤 쪽의 인물들을 모두 없앨 계획을 세웠습니다.

어느 날이었습니다. 정언각과 이로가 글이 적힌 종이를 들고 문정왕후를 찾아왔습니다.

'어린 임금 위에 간사한 여왕이 있고, 그 아래서 간신 이기가 정권을 휘두르니 나라가 곧 망할 것이다.'

종이에는 그렇게 쓰여져 있었습니다. 글을 읽은 문정왕후는 부들부들 떨었습니다.

"이 글이 어디에 있었단 말이오?"

"소인의 딸애가 양재역을 지나다가 담벼락에 적혀 있는 것을 그대로 적어 온 것이라 하옵니다."

문정왕후는 윤원형과 이기를 불러들여 글을 보여주었습니다.

"이것은 남아 있는 윤임 무리들이 꾸민 짓입니다. 그들을 끌어다 족치면 밝혀질 것입니다."

마침내 이 일로 윤임 무리의 뿌리가 뽑히고, 바른 말 잘 하는 신하들까지 벼슬자리에서 쫓겨났습니다.

이 일을 '양재역 벽서 사건'이라 하는데, 이것은 문정왕후의 동생 윤원형이 권력을 단단히 휘어잡기 위해 꾸민 계략이었습니다.

을묘왜변

그 무렵 왜구가 배 70여 척을 이끌고 전라남도 강진과 진도를 침입하여 약탈을 일삼았습니다.

조정의 대신들은 자기들 욕심만 채울 뿐 나라를 제

대로 다스리는 일에는 관심도 없었습니다.

그 틈을 이용해 왜구들은 거침없이 영암의 달량성, 진도의 금갑 등을 불태우고, 결국 장흥, 강진까지 무너뜨렸습니다.

왜구를 막아 싸우던 장흥 부사 한온이 죽고, 영암 군수 이덕견은 사로잡히고 말았습니다.

이 소식을 들은 조정은 그제야 이준경을 부랴부랴 싸움터로 내려보냈습니다. 이준경이 이끈 군사들은 왜구들과의 싸움에서 크게 승리를 거두었습니다.

이 일을 '을묘왜변'이라 합니다.

그 사건으로 인해 조선과 대마도의 사이는 몹시 나빠졌습니다. 무역도 끊겼습니다.

조선에서는 '을묘왜변'의 잘못을 따지며 배를 보내지 않겠다고 결정을 내렸습니다.

그 결정에 두려워진 대마도주는 '을묘왜변' 때 싸웠던 왜구들의 목을 베어 조선 조정에 보내고 잘못을 빌었습니다. 그리고 배를 좀더 보내 달라는 부탁을 했습니다.

이에 조선은 대마도의 어려운 형편을 고려하여 배 5척을 내렸습니다.

임꺽정의 난

 흉년이 계속되자 백성들의 살림은 날로 어려워져 갔습니다. 거기에다 고을 수령들까지 재물을 빼앗아 가 백성들은 입에 풀칠하기도 어려웠습니다. 먹을 것이 없어 떠돌아다니는 백성들의 수는 계속 늘어갔습니다.

 황해도 지방에 큰 도둑 떼가 생겨났습니다. 이 도둑 떼를 이끄는 두목의 이름은 임꺽정이었습니다. 그는 양주의 백정이었습니다. 힘이 황소보다 센 장사였고 머리가 퍽 영리한 인물이었습니다. 그는 옳지 못한 일을 보면 참지 못하는 성품이기도 했습니다. 어려운 일을 당한 사람이 있으면 그냥 넘어가질 못했습니다.

 임꺽정은 '을묘왜변' 싸움에서 큰공을 세웠습니다. 하지만 그가 백정이라는 이유로 조정에서는 아무런 상도 내리지 않았습니다.

 임꺽정은 자신의 신분을 몹시 한탄하였습니다. 그러던 어느 날입니다. 그의 아버지가 세금을 적게 냈다는 죄로 관아로 끌려갔습니다. 그리고 모진 매를 맞았습니다.

'나쁜 놈들, 어려운 백성을 돕지는 못할망정 저희들 배를 채우려고 못살게 굴다니. 도저히 두고 볼 수 없다.'

임꺽정은 평소에 자신을 따르던 무리들을 모았습니다.

"우리는 어떤 어려움이 있더라도 불쌍한 백성들의 재물은 빼앗지 않는다. 우리의 적은 죄 없는 백성을 못살게 구는 벼슬아치들이다. 모두 나를 따르라!"

임꺽정에 대한 소문은 멀리까지 퍼졌고, 찾아오는 사람들도 많아졌습니다.

그들은 무리를 지어 황해도와 경기도 지방을 돌며 벼슬아치들의 집을 털었습니다. 그렇게 빼앗은 재물과 곡식들을 가난한 백성들에게 나누어주었습니다.

임꺽정은 자기 부하가 잡히면 무슨 수를 써서라도 구해 냈습니다.

양반이나 수령들은 임꺽정 이름만 들어도 자리에서 벌떡 일어나 벌벌 떨 정도였습니다.

날이 갈수록 조정은 임꺽정 때문에 골치가 아팠습니다. 임꺽정을 잡기 위하여 많은 군사를 황해도로 내려보내기도 했습니다. 하지만 소용이 없었습니다. 백성들에게 임꺽정은 적이 아니었습니다. 오히려 군사들이 적이었습니다. 백성들의 도움으로 임꺽정은 무사히 피할 수 있었습니다.

임꺽정은 3년 동안 황해도와 경기도 지방을 누비며 못된 부자와 벼슬아치들을 혼내 주었습니다. 하지만 관군에게 잡혀간 그의 부하 서림이 모진 고초를 이기지 못하고 털어놓는 바람에 잡히고 말았습니다.

성리학의 큰 학자 이황

이황은 태어난 지 7개월 만에 아버지를 여의었지만 훌륭한 어머니의 가르침으로 총명하게 자랄 수 있었습니다.

이황은 12세에 〈논어〉를 배웠고, 14세부터 혼자 어려운 한시를 즐겨 읽었으며, 20세에 이르러서는 〈주역〉을 공부하였습니다.

27세에 과거에 합격한 이황은 어머니의 소원에 따라 성균관으로 들어가 공부했습니다. 그리고 34세에 벼슬길로 나아갔습니다.

학문이 깊고 성품이 어진 이황은 온 나라에 이름이 났습니다. 그는 조정의 여러 벼슬과 단양, 풍기 군수를 지냈습니다.

그러나 이황은 벼슬보다 학문을 더 좋아했습니다. 벼슬자리에서 물러난 그는 고향인 안동에 도산서원을 세웠습니다. 그러자 이황의 학문을 배우려는 사람들이 떼를 지어 도산서원에 모여들었습니다.

이황은 도산서원에서 유성룡, 김성일, 정구 등 훌륭한 제자들을 많이 길러 냈습니다.

명종 임금은 고향에 내려가 제자들을 가르치는 일에만 전념하는 이황을 여러 차례 불러 벼슬을 내렸습니다. 하지만 그는 벼슬을 끝내 받지 않았습니다.

이황은 권력 다툼만 하는 벼슬자리가 싫었던 것입니다. 고향에서 학문을 닦으며 훌륭한 제자를 키우는 것이 나라를 위하고 임금에게 충성하는 일이라 여겼습니다.

이러한 이황은 우리 나라 성리학의 큰 학자로 우러름을 받고 있습니다.

하늘이의 이야기가 끝났습니다. 조용히 앉아 하늘이의 이야기를 듣던 아빠는 칭찬을 아끼지 않았습니다.

"야아, 우리 하늘이가 이렇게 얘기를 잘 하다니 참 놀랍다."

"우리 가족 역사 찾아가기로 다진 실력이 어디 가겠어요."

엄마도 흐뭇한 표정으로 하늘이를 바라보았습니다. 하늘이는 무척 뿌듯했습니다.

명종은 이렇게 신하들의 다툼 속에 22년이라는 긴 세월을 임금자리에 있다가 세상을 떠났습니다.
　때는 1567년이었습니다.

제14대 선조

충무공 이순신의 발자취를 돌아보기 위하여 하나네 가족은 한산도를 직접 찾아가 보기로 했습니다.

한산도는 경상남도 통영시에 있습니다.

하나는 학교에서 가는 소풍날보다도 더 기쁜 모양입니다. 중학생인 하늘이도 기쁘기는 마찬가지입니다.

"책이나 텔레비전을 통해서 보았던 그 유적지

를 직접 눈으로 본다고 생각하니 가슴이 두근거려요."

하나와 하늘이는 눈을 뜨기 바쁘게 빨리 출발하자고 재촉했습니다.

하나네 가족은 아침 일찍 출발했습니다. 하늘도 가족 나들이를 부러워하는 듯 아주 맑았습니다.

"아빠, 아빠는 한산도에 가 보셨어요?"

하나가 들뜬 목소리로 물었습니다.

"고등 학교 수학 여행 때 다녀왔단다. 아직도 기억이 생생하구나."

"저도 꼭 한번 가 보고 싶었어요. 그래서 충무공의 애국심을 몸으로 느껴 보고 싶었어요."

하늘이가 말하자 하나가 맞장구를 칩니다.

"아빠 저두요. 오늘 자세히 살펴보고 학교 친

구들에게 모두 말해 줄 생각이에요."

하나도 어른스럽게 말했습니다.

엄마가 운전대를 잡았습니다.

"엄마가 운전을 하면 너희들은 아빠한테 자세한 이야기를 들을 수 있잖아."

자동차는 금방 고속도로로 들어섰습니다.

"조선 왕조를 살펴보는 역사 찾아가기도 벌써 중반에 들어섰구나. 27대까지 이어진 조선 왕조 임금 가운데 선조는 꼭 한가운데인 14대 임금이야."

"벌써 절반이나 끝났어요?"

하나가 아쉬운 표정을 짓습니다.

"아직 절반이나 남았는데 뭘."

하늘이가 다시 의젓하게 하나를 안심시켰습니다. 아빠는 하나 손을 잡고 이야기를 시작하였습니다.

"선조 임금 때 임진왜란이라는 큰 전쟁이 일어났단다. 임진왜란은 하나도 벌써 들어보았겠지?"

"네, 책에서도 보았고 텔레비전으로도 보았어요. 일본이 우리 나라에 쳐들어와서 일어난 전쟁이에요. 이순신 장군이 용감하게 싸워서 다 물리쳤구요."

하나는 자신만만하게 대답했습니다.

당파 싸움

"임진왜란을 살펴보기 전에 선조 임금에 대해서 먼저 알아보도록 하자. 선조는 생각지도 않게 갑자기 임금자리에 올랐단다. 하루아침에 임금이 된 셈이지."

"그럴 수도 있어요, 아빠?"

"앞 임금인 명종은 왕자를 두지 못하고 죽었어. 그래서 가까운 친척 가운데서 임금을 뽑아야 했는데 선조가 뽑혀 임금자리를 이은 거야. 비록 세자를 거치지 못했지만, 선조는 몸가짐이 바르고 학문을 좋아했단다. 그래서 과거 제도를 고치고 선비들을 많이 뽑아 썼어. 그런데 그것이 잘못되어 당파 싸움의 빌미가 되었단다."

"당파 싸움이 뭐예요?"

하나가 벌써부터 묻기 시작합니다.

"하늘아, 네가 하나한테 설명해 주렴."

"조정의 신하들이 편을 갈라 서로 다투는 걸 말하는 거야."

하늘이의 설명에 하나는 고개를 끄덕입니다.

"그래, 그런데 지나치게 세력 다툼을 벌이다 보니 나라가 어지러워진 거야. 이것을 당쟁이라고 한단다. 그래서 나라의 힘이 한데 뭉치지 못하고 여러 갈래로 나눠지고 만 거야."

당파가 생긴 것은 조정의 벼슬아치들이 '동인'과 '서인'으로 나뉜 것이 시작이었습니다.

심의겸과 김효원이 벼슬자리 문제로 사이가 나빠졌는데 김효원을 따르던 사람들을 동인이라 하고 심의

겸을 따르던 사람들을 서인이라 불렀습니다.

조정에서는 당파 싸움이 날로 심해지는 동안 북쪽으로는 여진족이 다시 쳐들어올 기회를 엿보고 있었고, 남쪽으로는 바다 건너 왜구들이 수상한 낌새를 보이고 있었습니다.

이 때, 이이가 군사를 길러 국방을 튼튼히 해야 한다고 주장하였습니다.

"10년이 못 가서 큰 어려움이 닥칠 것이다. 그러므로 군사 10만을 훈련시켜 서울에 2만 명을 두고 8만 명은 8도에 고루 나누어 두어야 한다."

이이는 강력하게 주장했습니다. 그 주장을 '10만 양병설'이라고 합니다.

하지만 이이의 10만 양병설은 뜻을 이루지 못했습니다. 그 무렵 조선은 오랜 평화에 길들여져 있었고, 일본의 숨겨진 속셈을 눈치 챈 사람도 없었기 때문입니다.

거기에다 나라의 살림이 너무 어려웠습니다. 그뿐만 아니라 사회가 너무 어지러워 군사를 기른다는 것은 엄두도 낼 수 없었습니다.

"평화로울 때에 군사를 기르는 것은 쓸데없이 어려

움을 부르는 것과 같다."

이렇게 모두 반대했습니다.

"그럼 전쟁이 날 수밖에 없었군요."

하늘이가 안타깝다는 듯이 말했습니다.

"결국은 그렇게 된 셈이지. 특히 일본을 다녀온 사람들까지도 당파에 따라 그 주장이 엇갈릴 지경이었단다."

임진왜란이 일어나기 2년 전, 조정에서는 황윤길과 김성일을 일본에 보냈습니다. 그것은 일본 쪽에서 원해서 이루어진 일이었고, 그들은 '통신사' 자격으로 일본을 방문하게 되었습니다.

그런데 일본을 살펴보고 온 두 사람의 말이 각각 달랐습니다.

"일본은 전쟁 준비를 완벽하게 하고 있습니다. 머잖아 반드시 이 나라를 쳐들어올 것입니다."

서인인 황윤길의 주장이었습니다.

"일본은 아직 군사를 일으킬 정도로 힘이 길러진 것

은 아닙니다. 걱정할 필요가 없습니다."

동인인 김성일의 주장이었습니다. 같이 통신사 자격으로 일본을 다녀왔으면서도 두 사람의 주장이 그렇게 달랐던 것입니다.

조정에서는 엇갈린 주장을 듣고 몹시 난감해 했습니다. 어느 쪽 말을 들어야 할지 갈피를 잡을 수가 없었던 것입니다. 그러나 그 무렵 동인의 세력이 서인의 세력보다 훨씬 막강했습니다. 결국 조정에서는 동인인 김성일의 말을 따르고 말았습니다.

일본의 정세

"그런데 일본은 왜 조선으로 쳐들어왔어요?"
하나가 물었습니다.
"그래, 모든 전쟁과 침략에는 원인과 구실이 있는 법이란다. 그 무렵 일본을 잠시 살펴보도록 하자."

그 무렵 일본은 도요토미 히데요시가 다스리고 있었

습니다. 그는 여러 패거리로 나뉘어져 있던 일본을 통일시키고 나라 전체를 손아귀에 넣었습니다.

천하 통일에 성공한 그는 작은 섬나라가 아닌 대륙으로 진출하고 싶다는 욕심을 키우기 시작하였습니다. 그것은 나라 안에 남아 있던 불만을 나라 밖으로 돌리려는 속셈이기도 했습니다.

대륙으로 나아가려면 우선 그 길목이 되는 조선을 치지 않으면 안 되었습니다.

그 때 조선은 당파 싸움의 소용돌이에 휘말려 나라의 안전에 눈을 돌릴 틈이 없었습니다. 대신 일본은 전쟁을 준비하기 위하여 눈코 뜰 새 없이 바빴습니다. 그 동안 많은 싸움의 경험으로 군사들의 힘도 아주 셌고, 기술도 뛰어났습니다.

더욱이 유럽에서 들어온 조총이라는 새로운 무기도 가지고 있었습니다. 그 총은 멀리까지 쏠 수 있을 뿐만 아니라 정확하게 맞힐 수 있는 무기였습니다.

마침내 일본은 조선 조정에 편지를 보내 '명나라를 칠 테니 길을 빌려 달라'고 트집을 잡기 시작했습니다.

"일본은 정말 뻔뻔스러워요. 자기들 맘대로

하잖아요."

하나는 화난 표정으로 씩씩거렸습니다.

"그 전에도 사신이 다녀간 적이 있었는데 태도가 아주 거만하기 이를 데 없었지. 그것만이 아니라 도요토미 히데요시의 편지도 아주 무례하기 짝이 없었단다."

"그런데도 조정에서는 정신을 못 차리고 자리다툼만 하다니, 정말 한심하군요."

하늘이도 화가 나 있습니다.

"나중에야 조정에서는 사태가 심각하다는 것을 눈치 챘지만 이미 때가 늦어 있었지."

아빠가 한숨을 쉬었습니다.

왜군의 침략

"남의 나라를 침범한 일본에게도 잘못이 있지만 그 침략을 미리 준비하지 못한 조선 조정에도 책임이 있지. 조선이 국방을 튼튼히 했더라

면 감히 넘볼 수 없었을 거야. 어쨌든 전쟁은 일어날 수밖에 없었단다. 이제 임진왜란에 대해 알아보기로 하자."

엄마가 차를 출발시키자 다시 아빠의 이야기가 이어졌습니다.

왜군이 쳐들어온 것은 1592년 4월 13일이었습니다. 무려 20만 명이 넘는 왜군이 부산 앞바다로 쳐들어왔습니다.

조총을 앞세운 왜군들 앞에서 부산은 하루도 못 버티고 무너져 버렸습니다.

평화를 오랫동안 누린 탓에 조선의 군사들은 싸움에 대한 경험도 부족했고 군사의 수도 터무니없이 적었습니다. 군사 훈련조차 제대로 받지 않은 조선의 군사들 앞에서 왜군의 조총은 거침이 없었습니다.

왜군은 3군으로 나뉘어 서울을 향해 북상했습니다.

조정에서는 이일, 신립 등을 내려보내 진격해 올라오는 왜군을 중간에서 막게 했지만 크게 패하고 말았습니다.

이일은 상주에서 패하여 충주까지 밀려나고, 신립은 충주 탄금대에서 방어 작전을 폈으나 패하고 말았습니다.

그것으로 믿었던 군사마저 무너진 셈이었습니다.

"아빠, 우리는 왜 조총이 없었어요?"

하나가 안타깝게 물었습니다.

"일본은 일찍 유럽 쪽으로 눈을 돌려 그 곳의 새로운 문물을 받아들였단다. 그 중에 한 가지가 조총이었는데 그들은 그 무기를 많이 만들어 전쟁 준비를 하고 있었지만 조선에서는 아무런 준비도 없었단다. 우리는 그 때까지도 유럽 사람들과 왕래가 없었거든. 유럽과의 왕래는 일본이 우리 나라보다 훨씬 앞서 있었지."

"아무리 조총이 없었다고 해도 그렇게 힘없이 밀릴 수 있을까요?"

하늘이가 알 수 없다는 듯이 고개를 저었습니다.

"앞에서도 말했지만, 벼슬아치들은 자리다툼

에 정신이 없었고, 백성들은 전쟁이 무엇인지 제대로 알고 있지도 못할 만큼 평화에 길들여져 있었던 거야. 나라를 지키던 장수들도 왜군이 물밀듯이 쳐들어오자 대부분 피해 버릴 정도로 훈련이 되어 있질 않았어. 그만큼 모든 것이 서툴렀지."

피난 가는 선조

"그래서 선조는 어떻게 했어요?"

하나가 조마조마해서 물었습니다.

"왜군은 물밀듯이 쳐들어오는데 믿었던 신립 장군마저 무너졌으니 어떻게 했겠니?"

아빠가 하늘이를 바라보았습니다.

"피난을 갈 수밖에 없었겠군요."

"그래, 선조는 서울을 버리고 피난을 떠나지 않을 수가 없었단다."

충주가 왜군 손아귀로 들어갔다는 소식을 들은 선조는 신하들을 불러 대책을 물었습니다. 그 자리에서도 신하들의 뜻은 두 갈래로 나뉘어졌습니다.

"일이 급하게 되었으니 잠시 평양으로 피하시는 것이 옳을 듯하옵니다."

"아니옵니다. 서울은 무슨 일이 있더라도 지켜야 하옵니다. 서울을 버리면 백성들이 의지할 곳을 잃게 되옵니다."

유성룡이 나서서 엇갈린 의견을 하나로 매듭지었습니다.

"우선 평양으로 피난하셨다가 명나라에 도움을 청하는 것이 옳을 듯하옵니다."

이리하여 선조는 4월 30일 새벽 드디어 피난길에 올랐습니다.

그 날은 칠흑 같은 어둠 속에서 장대비가 쏟아지고 있었습니다. 그 빗속을 뚫고 서대문을 빠져나가는데, 왕을 지키던 군사들은 다 도망가 버리고 따르는 신하들도 얼마 되지 않았다고 합니다.

임금이 도성을 버리고 떠나자 백성들의 마음은 이루 말할 수 없이 어지러워졌습니다. 화가 난 백성들은 관청에다 불을 지르고 경복궁, 창경궁, 창덕궁에도 불을 질러 궁궐을 잿더미로 만들었습니다.

"백성들이 얼마나 화가 났으면 궁궐에다 불을 질렀을까."

하나가 몹시 안타까운 듯 혼잣말을 했습니다.

"그래, 그들을 나무랄 수도 없지. 얼마나 실망이 컸겠어. 정치가 잘못되면 피해를 보는 건 언제나 백성들이란다."

"왜군이 도성에 들어오기도 전에 큰 혼란에 빠진 셈이군요."

하늘이도 역시 안타까운 얼굴입니다.

"그래, 건물들뿐만 아니라 귀중한 책들이 많이 불탔지. 춘추관이라는 곳에 보관되어 있던 〈조선왕조실록〉도 그 때 불타 버렸단다."

"지금의 궁궐은 그 뒤에 다시 지은 거로군요, 아빠?"

"그렇단다. 그건 나중에 다시 알아보기로 하

고 선조의 피난길을 좀더 따라가 보자."

이 날 해가 진 뒤 선조 일행은 임진강에 이르렀습니다.
너무 어두워서 앞길도 분간 못할 정도였습니다. 선조 일행은 강기슭에 있는 정자에 불을 질러 주위를 밝히고 강을 건넜습니다. 전해 오는 말로는 10만 양병설을 주장했던 이이가 머잖아 닥칠 불행을 미리 내다보고 그 자리에 정자를 지어 놓았다고도 합니다.
5월 3일, 마침내 왜군은 서울을 함락시켰습니다.
서울이 왜군의 손아귀에 들어갔다는 보고를 받은 선조 일행은 개성에서 다시 평양으로 떠났습니다.
그러나 왜군이 임진강을 건너 개성을 차지하자 다시 피난 갈 곳을 찾지 않으면 안 되었습니다.
이 때 선조는 명나라에 도움을 청하기로 하고, 이덕형을 명나라로 보냈습니다.
6월 8일, 왜군이 대동강 가에 이르자 선조는 다시 평양성을 버리고 의주로 향했습니다.
왜군은 곧 평양까지 손아귀에 넣었습니다.
이리하여 조선군은 변변히 싸워 보지도 못하고 3도라고 부르던 서울, 개성, 평양을 빼앗기고 말았습니다.

그것도 왜군이 부산에 올라온 지 60일도 채 못 되는 짧은 기간에 일어난 일이었습니다.

"우리 군사들은 달아나기 바빴군요."

하나가 매우 속상한 표정으로 물었습니다.

"꼭 그런 것만은 아니었단다. 부산에서도, 서울에서도, 개성이나 평양에서도 힘껏 싸우기는 했지. 그래서 아주 의롭게 죽은 사람도 많았어. 그러나 워낙 힘이 부족했던 거야."

"그러나 바다에서는 이순신 장군이 이겼잖아요."

하늘이가 불쑥 말했습니다.

"그래, 그것이 오늘 역사 찾아가기의 중심이란다. 끝까지 왜군에게 쫓긴 것만은 아니야. 처음에는 그렇게 당하기만 했지. 그러나 이제부터는 사정이 달라지게 된단다. 우리가 승리를 거두기 시작했거든."

"야, 신난다!"

하나가 이야기를 듣기도 전에 좋아하며 손뼉을 칩니다.

"조금만 더 가면 통영에 도착한단다. 거기서 배를 타고 한산도로 가서 이순신 장군의 발자취를 찾아보자."

엄마가 운전대를 잡은 채로 말씀하셨습니다.

이순신과 거북선

통영에 도착한 것은 점심나절이었습니다. 점심 식사를 한 뒤에 한산도로 가는 배를 타기로 하였습니다.

"이 곳에는 통영 김밥이라는 토속 음식이 있단다. 우리 여기까지 온 김에 그걸 먹기로 하자."

"좋아요, 아빠. 저는 그 지방의 음식을 먹어 볼 때가 정말 즐겁거든요."

하늘이가 벌써부터 입맛을 다십니다.

아빠를 따라갔더니 김밥 집이 여럿 늘어서 있는 곳이 나왔습니다. 그런데 그 곳의 김밥은 조금 색달랐습니다. 김밥 속에 반찬이 함께 들어 있는 게 아니라 그냥 맨밥을 싼 김밥과 반찬으로 무김치와 오징어무침이 따로 나왔습니다.

"하나야, 맛있니?"

엄마가 물었습니다.

"이 곳에만 있는 음식이라 생각하니 맛이 달라요, 엄마."

하나가 우물거리며 대답합니다.

"그래, 여행을 할 때는 그 곳 음식을 맛보는 것도 하나의 즐거움이란다."

식사가 끝나자 곧 배를 타고 한산도로 출발했습니다. 배에는 많은 사람들이 있었습니다.

바다는 국립공원답게 맑고 푸르렀습니다. 배는 바다를 가르며 시원스레 나아갔습니다.

한산도는 온 섬이 깨끗하게 잘 꾸며져 있었습니다.

배에서 내린 뒤 하나와 하늘이는 한 가지도 놓치지 않으려는 듯이 여기저기 부지런히 둘러보았습니다. 조용하고 아름다운 섬입니다.

"애들아, 나라가 위태로울 때는 항상 훌륭한 누군가가 나타나 목숨을 바쳐 나라를 구하는 법이란다. 충무공 이순신 장군이 바로 그런 분이셨지."

아빠의 말씀이 엄숙했습니다.

"만약 충무공이 바다를 지키지 않았다면 임진왜란이 어떻게 되었을까요?"

하늘이가 물었습니다.

"글쎄, 훨씬 더 많은 어려움을 겪었을 게 틀림없겠지."

"이순신 장군은 언제 이 곳에 오셨어요?"

하나는 벌써 호기심이 가득한 얼굴입니다.

"임진왜란이 일어난 다음 해란다. 이순신 장군은 이 곳에서 삼도수군통제사의 일을 보고 계셨지. 그것을 본영이라고 한단다."

마침내 제승당에 다다랐습니다. 충무공을 기리는 곳답게 유적지 구석구석에 거룩한 느낌이 돌았습니다.

그 곳에는 충무공의 영정을 모신 곳도 있고, 적군의 움직임을 살피던 망루인 수루도 있었습니다. 영정 속 이순신 장군의 표정은 몹시 인자하고 근엄해 보였습니다.

"이 곳은 충무공 이순신 장군이 나라를 지켰던 정신을 길이 본받고자 성역으로 꾸민 곳이란다. 그러니까 마음을 경건하게 가져야 한다."

아빠를 따라 하나네 가족은 충무공 영정 앞에서 고개를 숙이고 묵념을 했습니다. 하나도 눈을 꾹 감고 이순신 장군께 감사를 드렸습니다.
영정 참배를 마치고 제승당 앞에서 기념 사진을 찍었습니다.

"자, 그럼 왜적을 무찌른 유명한 싸움을 살펴보기 전에 이순신 장군에 대해서 먼저 간단하게 알아보도록 하자."

이순신은 서울에서 태어났습니다. 대대로 선비 집

안이었으나 어려서부터 장수가 되기로 결심하고 말타기와 활쏘기에 힘을 쏟았습니다.

이순신은 학문을 좋아해서 글 솜씨도 남달랐습니다. 이순신이 임진왜란을 겪으면서 쓴 〈난중일기〉는 그 때의 상황을 정확하게 알려주는 귀중한 역사 자료입니다.

이순신이 전라좌도 수군절도사라는 벼슬에 오른 것은 임진왜란이 일어나기 바로 전해였습니다. 그의 나이 47세 때였습니다. 그를 이끌어 준 사람은 어릴 때의 친구 유성룡이었습니다.

이순신은 왜적의 침입이 있을 것을 미리 알고, 군사를 모아 훈련을 시키고 배를 만드는 등 전쟁 준비를 서둘렀습니다. 저 유명한 거북선도 여러 척 만들었습니다.

"아빠, 거북선은 이순신 장군이 처음 만든 건 아니라면서요?"

하나가 이상하다는 듯이 묻습니다.

"그래, 거북선이라는 이름이 처음 나온 것은

조선 태종 때란다. 그러나 충무공이 더 좋게 만들었단다."

"그렇다면 언제 만들어졌을까요?"

하늘이가 물었습니다.

"〈난중일기〉에 보면 임진왜란이 일어나기 바로 전에 거북선의 대포를 쏘아보았다는 기록이 있단다. 그것으로 미루어 볼 때 전쟁이 일어나기 몇 달 전에 완성되었다고 할 수 있겠지."

이순신의 활약

하나는 뛰어서 바다가 훤히 보이는 수루로 올라갔습니다. 바닥은 깨끗한 마루로 되어 있었습니다. 가족들 모두 신발을 벗고 위로 올라갔습니다.

하늘이가 마치 장수나 된 듯이 허리에 두 팔을 올려붙이더니 갑자기 시조를 외었습니다.

한산섬 달 밝은 밤에 수루에 혼자 앉아
큰 칼 옆에 차고 깊은 시름 하는 적에
어디서 일성호가는 남의 애를 끊나니.

"누구 시조인 줄 아니? 이순신 장군이 쓴 시조야."
하늘이가 하나에게 자랑스레 말했습니다.
"그래, 이 수루에 올라 나라를 걱정하며 읊은 거란다. 달이 뜬 바다를 바라보며 근심에 잠긴 모습이 눈앞에 그려지지 않니?"
엄마가 하나의 손을 잡으며 말씀하셨습니다.
"피, 아무리 그래도 오빠는 장수 같지 않아."
하나가 입을 비죽거렸습니다.
"왜 얼마나 씩씩해 보이는데."
엄마가 하늘이의 모습을 사진에 담았습니다.
"자, 이제부터 충무공의 활약을 하나하나 살펴보도록 하자."

그 해 5월 4일, 이순신은 도와 달라는 원균의 청을 받고 거제도의 옥포로 향했습니다. 이억기와 함께였습니다.

이틀 뒤 한산도에서 원균을 만나 힘을 합쳤습니다.

사흘 뒤 옥포를 지날 무렵 적을 살피러 나갔던 배에서 보고가 들어왔습니다.

"왜적의 배가 30척 남짓 옥포만에 매여 있는데, 왜적들은 뭍에 올라 노략질을 하고 있습니다."

이순신은 곧 명령을 내렸습니다.

"배가 한 척도 빠져 나오지 못하도록 입구를 틀어막은 뒤 공격하라!"

우리 배에 의해 입구가 막히자 왜군의 배는 독 안에 든 쥐 꼴이 되었습니다.

놀란 왜군이 배에 올라 법석을 떨었으나, 일제히 화포와 화살을 쏘아 적의 배 26척을 단숨에 침몰시켰습니다.

그 다음날에도 고성의 적진포에서 왜군의 배 13척을 만나 모두 무찔렀습니다.

이 승리로 우리 수군의 사기는 하늘을 찌를 듯했습니다.

그 뒤 사천으로 나아가 왜군의 배 10여 척을 바다로 끌어내 모조리 불살랐습니다.

이 때 처음으로 거북선이 모습을 나타냈습니다. 적진 속으로 들어가 마구 휘저어 대는 거북선을 본 왜군들은 크게 겁을 먹었습니다.

그 뒤에도 이순신은 당포에서 적의 배 20여 척, 당항포에서 20여 척, 가덕도 부근에서 60여 척을 무찔렀습니다. 그러자 왜군은 우리 수군의 그림자만 보아도 달아났습니다.

한산 대첩

"우와, 정말 신난다!"

하나가 참지 못하고 손뼉을 쳤습니다.

"그러나 더 신나는 싸움이 기다리고 있단다. 그것이 바로 이 앞바다에서 있었던 싸움이란다."

"그 싸움은 저도 알아요. 한산 대첩이에요."

하늘이도 신이 나기는 마찬가지입니다.

"그래, 크게 이긴 싸움이라 하여 대첩이라고 부르지."

왜군의 배 몇십 척이 가덕도와 거제도 부근에 나타났다가 사라졌다는 보고가 들어왔습니다.
7월 6일, 이순신은 이억기와 함께 노량 앞바다로 나아갔습니다. 그 곳에서 원균을 만나 힘을 합쳤습니다.
다음날 당포에 이르렀을 때, 적의 배 70여 척이 견내량에 이르렀다는 정보가 들어왔습니다. 이순신은 작전을 세웠습니다.
"견내량은 좁고 바다 밑에 바위가 많아서 큰배는 싸우기가 힘들다. 따라서 넓은 한산도 앞바다로 끌어내야 한다."
7월 8일, 배 몇 척을 앞세워 공격을 하는 것처럼 하다가 달아나자 왜군의 배가 모두 뒤쫓아왔습니다.
일부러 달아나는 것을 왜군들은 전혀 눈치 채지 못했습니다. 마침내 한산도 앞바다에 이르자 이순신은 명령을 내렸습니다.
"일제히 뱃머리를 돌려 적을 에워싸고 포위하라!"
그 모양이 마치 학이 날개를 편 것 같다 하여 이것

을 '학익진'이라 합니다.

거북선을 앞세운 우리 수군은 순식간에 왜군의 배를 에워싸고 포를 쏘며 불화살을 쏘아 댔습니다.

미처 정신을 차리기도 전에 터진 일이라 많은 왜군이 죽거나 달아났습니다.

이 싸움에서 왜군의 배 60여 척을 불태웠습니다.

이 싸움은 진주 대첩, 행주 대첩과 함께 임진왜란 때 큰 승리를 거둔 세 전투 가운데 하나로 꼽히며 '한산 대첩'이라고 합니다.

그 뒤 이순신은 다시 왜군의 근거지인 부산으로 나아가 왜군의 배 5백여 척 중에 백여 척을 쳐부쉈습니다.

이 네 차례의 큰 승리로 우리 수군은 바다를 완전히 손에 넣게 되었습니다. 그래서 왜군이 다시는 서해를 넘보지 못하게 되었습니다.

"특히 이 한산도는 바다 한가운데에 있는 외딴 섬이라 이순신 장군은 왜군이 뭍으로 달아나지 못하게 일부러 이 앞바다를 택한 거란다."

"그래서 어떻게 되었어요?"

하나가 신이 나서 묻습니다.

"왜군 4백여 명이 이 섬으로 도망쳐 왔는데, 13일 간을 풀을 뜯어먹고 견디다가 겨우 빠져나갔단다."

"충무공은 정말 싸움 기술도 뛰어났군요."

하늘이는 아주 감격한 얼굴입니다.

"그래서 조정에서는 수군을 총지휘하는 수군 삼도통제사라는 벼슬을 새로 만들어 충무공을 앉혔어. 그리고 나서 충무공은 우리 수군의 본영을 이 한산도로 옮겼단다."

충무공이 활쏘기를 훈련시켰다는 활터와 정자도 둘러보았습니다. 엄마는 부지런히 사진기 셔터를 눌러 댔습니다.

"자, 그럼 충무공의 활약을 마저 알아보도록 하자."

마지막 해전

1597년, 이순신은 원균의 모함으로 별안간 서울로 잡혀 와서 사형을 받게 되었다가 겨우 풀려났습니다. 이 때 왜군이 다시 쳐들어왔습니다. 이것을 '정유재란'이라고 부릅니다.

이순신의 자리를 차지하고 있던 원균이 왜군에게 크게 패하자 조정에서는 이순신을 다시 삼도수군통제사에 임명했습니다.

우리 측 배는 겨우 12척밖에 없었습니다. 왜군의 배는 133척이나 되었습니다. 이순신은 남은 12척의 배로 명량 앞바다에서 용감히 싸웠습니다.

왜군은 원균에게서 승리를 거둔 기세로 서해를 거쳐 한강까지 이르겠다는 계획을 세워 놓고 있었습니다.

그러나 이순신의 활약으로 10 대 1의 명량 앞바다의 싸움은 우리 수군의 승리로 끝났습니다. 이 싸움을 '명량 대첩'이라고 합니다.

다음해에 도요토미 히데요시가 죽었습니다. 왜군들은 제 나라로 돌아가려고 서둘렀습니다. 왜군의 배 5

백여 척이 돌아갈 길을 찾으려고 노량 앞바다로 몰려들었습니다.

이순신은 명나라의 수군과 힘을 합쳐 왜군이 돌아갈 길을 막고 마지막 큰 싸움을 벌였습니다.

싸움은 우리의 큰 승리로 끝났고, 왜군의 배 4백 척이 바다 속으로 가라앉았습니다.

이순신은 몸소 북을 두드리며 싸움을 북돋우다가 왜군의 총탄에 왼쪽 가슴을 맞고 말았습니다.

이순신은 부축하는 아들과 조카에게 말했습니다.

"방패로 내 모습을 가려라. 지금 싸움이 한창이니 내가 죽었다는 말을 하지 마라."

이 때가 1598년 11월 19일, 이순신의 나이 54세였습니다. 이 장렬한 죽음과 함께 마지막 싸움도 끝나고 7년간에 걸친 임진왜란도 끝났습니다.

"아빠, 눈물이 나려고 해요."

하나의 두 눈에 물기가 그렁그렁합니다.

하늘이도 무척 숙연한 얼굴입니다.

"얘들아, 충무공의 애국 정신을 깊이 새기도

록 하자."

엄마가 두 사람의 어깨를 다독여 주었습니다.

육지의 큰 승리

마지막 기념 촬영을 하고 하나 가족은 한산도를 떠났습니다. 그리고 통영에 도착하자 곧바로 차에 올라 서울로 향했습니다. 하루 일정이라 충렬사, 세병관 등 다른 유적지를 둘러보지 못한 것이 아쉬웠습니다.

"임진왜란에 대한 이야기는 아직도 많이 남았단다."

"더 해 줘요, 아빠."

하나가 졸랐습니다.

"그래, 너희들도 피곤할 테니까 중요한 것만 간단하게 설명하마. 우선 3대첩 가운데 다른 두 싸움을 들려주마."

임진왜란이 일어나자 왜군 수만 명이 진주성을 에워쌌습니다.

진주를 지키던 김시민은 성문을 굳게 닫고 외쳤습니다.

"성안의 우리 모두 한 마음으로 싸우다가 죽음을 맞이할 것이다. 만일 성을 지키지 못한다면 죽음으로 맞서리라."

성안에는 4천 명이 채 되지 않는 군사밖에 없었습니다. 그러나 김시민의 지휘에 따라 군사와 백성들은 똘똘 뭉쳤습니다.

7일 동안 왜군은 엄청난 힘으로 성을 공격했습니다. 그러나 김시민의 지휘 아래 군사와 백성들은 죽음을 무릅쓰고 싸웠습니다. 아이, 노인, 부녀자 할 것 없이 돌멩이를 던지고 끓는 물을 쏟아 부어 개미 떼처럼 기어오르는 왜군들을 막았습니다.

기세 등등한 왜군도 죽음을 각오하고 버티는 진주성을 빼앗을 수 없었습니다.

이 전투에서 3만여 명이 넘는 왜군이 죽거나 다치고 마침내 물러났습니다.

김시민은 부상을 입고 곧 숨을 거두었습니다.

"이것이 저 유명한 진주 대첩이란다. 지휘자의 힘이 얼마나 큰 것인가를 보여 준 싸움이지. 한 마음으로 끝까지 성을 지킨 거야."

"육지에서도 왜군에게 패한 것만은 아니군요."

하늘이가 말했습니다.

"그럼. 처음엔 형편없이 패했지만 얼마 뒤부터는 우리가 무섭게 반격하기 시작했단다. 그것은 조금 후에 들려줄 의병 활동을 살펴보면 더 자세히 알 수 있지."

행주산성의 싸움 또한 이와 비슷합니다.

임진왜란이 터진 이듬해 2월, 전라 감사 권율은 군사를 이끌고 한강을 건너 서울의 서쪽 행주산성에 진을 쳤습니다. 왜군의 중심 부대가 서울에 버티고 있을 때입니다.

"외딴 산성 적진 깊이 들어온 우리는 저들의 상대가 되지 못한다. 만약 목숨을 버리지 않는다면 이 성을 지키고 나라를 구하지 못하리라."

행주산성은 앞에 한강이 바라보이는 작은 산성이었지만, 권율의 군사들은 사기가 높았습니다.

마침내 3만 명이 넘는 왜군이 성을 에워쌌습니다. 성을 여러 겹으로 에워싼 왜군은 세 부대로 나뉘어 번갈아 가며 성을 공격했습니다.

왜군의 공격은 아침부터 저녁까지 계속되었습니다.

성안의 백성들은 부녀자까지 모두 나와 앞치마로 돌을 나르고 물을 끓여 도왔습니다.

죽음을 각오하고 강을 뒤에 두고 진을 쳤던 권율의 작전은 성공을 거두었습니다. 군사와 백성이 한 덩어리가 되어 왜군을 거뜬히 물리쳤던 것입니다.

"이 싸움이 3대첩의 하나인 행주 대첩이다. 이 대첩을 치른 두 달 뒤에, 서울에 있던 5만 명의 왜군이 마침내 남쪽으로 물러간 거야. 왜군의 사기가 꺾인 셈이지."

"그럼 다시 서울을 찾은 거예요, 아빠?"

하나가 피곤한 중에도 눈을 반짝입니다.

"그래, 선조는 잿더미로 변한 서울로 돌아왔

어. 서울을 떠난 지 1년 5개월 만이었단다."

의병들의 활약

휴게소에 들러 간단하게 저녁을 먹기로 하고 차를 세웠습니다.

"이제 마무리를 해야 되겠구나. 임진왜란을 승리로 이끄는 데 빠뜨릴 수 없는 것이 의병들의 활동이다."

아빠가 휴게소 안으로 들어서며 계속 설명을 하셨습니다.

"의병이 뭔지 오빠는 알아?"

하나가 하늘이를 빤히 바라봅니다.

"나라와 겨레를 위해 스스로 군사를 일으켜 왜군과 싸운 의로운 사람들을 말하는 거야."

"공부를 많이 했구나. 훌륭한 대답이다. 바로 그 분들이 의병이다. 그 분들의 애국심은 너무도 컸단다."

아빠가 하늘이를 칭찬하셨습니다.

임진왜란이 일어나자 나라와 민족을 구하기 위하여 수많은 의병이 전국에서 일어났습니다. 왜군이 쳐들어오자 벼슬아치들은 달아나거나 숨어 버리고, 임금도 서울을 버렸습니다.

힘없는 백성들이 기댈 곳을 잃고 허덕일 때 나라를 구하고 제 고장을 지키겠다고 일어선 것이 바로 의병입니다.

의병을 일으킨 사람들은 거의 선비들이거나 승려들이었습니다.

의병을 가장 먼저 일으킨 사람은 곽재우입니다. 곽재우가 의병을 일으키자 전국에서 의병이 끊임없이 일어났습니다. 곽재우가 의병 운동에 불을 지른 셈입니다.

그는 의병을 일으키며 이렇게 외쳤습니다.

"왜군이 쳐들어왔으니 부모도 아내도 자식도 모두 붙잡혀 갈 것이다. 앉아서 죽음을 맞느니 싸우다 죽는 것이 옳지 않겠는가."

곽재우는 여러 번 싸웠으나 한 번도 패한 적이 없었

습니다. 싸움 기술이 뛰어난 그는 동에 번쩍 서에 번쩍 했다고 합니다.
 항상 붉은 옷에 흰말을 타고 싸워서 '홍의 장군'이라고 불렸습니다. 왜군들은 홍의 장군이라는 말만 들어도 벌벌 떨었다고 합니다.

"서산대사와 사명당도 있잖아요?"
하늘이가 물었습니다.
"그래, 그 분들은 스님들이지. 그래서 더욱 돋보인단다."
"스님들도 싸웠어요?"
하나가 신기해 합니다.
"그래, 나라가 위태로우니까 산에서 수도하던 스님들도 일어선 거지."

 의병 활동에서 빼놓을 수 없는 것이 승려들의 의로운 행동입니다.
 조선 왕조에서는 불교를 억눌렀으므로 승려들은 사회에서 업신여김을 받았습니다. 그러나 나라가 어려

워지자 목숨을 아끼지 않고 일어섰습니다.

가장 두드러진 활동을 한 인물은 서산대사와 그의 제자 사명당입니다.

서산대사는 절마다 편지를 띄워 전국의 승려들이 일어서도록 하고 사명당은 그들을 모았습니다.

"나라가 왜군에게 짓밟히고 사람들은 불길 속에서

고통받고 있다. 이 땅에 태어난 우리가 이 백성이 거둔 곡식을 먹으면서 이 어려움을 돌보지 않고 산 속에서 앉아만 있을 수 있겠는가."

그러자 여러 곳에서 승려들이 다투어 일어나 왜군과 싸웠습니다.

서산대사와 사명당은 명나라 군사와 힘을 합쳐 평양성을 도로 빼앗는 싸움에서도 큰공을 세웠습니다.

사명당은 왜란이 끝난 뒤, 일본으로 건너가 붙잡혀 간 우리 동포를 데리고 오기도 했습니다.

"그 밖에도 훌륭한 일을 한 분들이 참 많단다. 다 들려 줄 수 없어 안타깝구나. 그리고 그들은 지위가 높거나 낮거나 상관하지 않고 나라를 위해 함께 싸웠단다. 그게 얼마나 의로운 일이니."

"이제 알고 보니 우리가 그냥 앉아서 당한 것만은 아니군요."

하늘이는 감동 받은 얼굴입니다.

"그럼. 7년 전쟁 중에 처음에는 밀렸지만 나

중에는 우리 쪽의 승리였지. 물론 명나라의 도움이 없었던 건 아니지만 우리 힘으로 왜군을 물리친 거야."

"그래도 전쟁으로 입은 피해가 어마어마했겠어요."

"말할 수도 없었단다. 수많은 사람이 죽거나 붙들려 가고 나라 살림은 완전히 거덜났지. 농토는 거의 황폐해지고, 귀중한 문화재가 헤아릴 수도 없을 만큼 잿더미가 되었어. 일본에 포로로 잡혀간 도자기 기술자들도 많았단다. 대신 많은 교훈도 얻었지만 말이야."

"오늘 우리 하나와 하늘이도 많은 가르침을 얻었을 거예요."

엄마가 말했습니다.

"자, 이것으로 선조 시대와 임진왜란 이야기가 거의 마무리된 것 같구나. 전쟁은 이처럼 끔찍한 것이고, 준비가 없으면 그만큼 피해도 크단다."

어느새 하나는 새근새근 잠이 들어 있습니다.

중종의 뒤를 이은 선조는 40년 동안 임금자리에 있다가 세상을 떠났습니다.
때는 1608년이었습니다.

제15대 광해군

한산도에 다녀온 며칠 뒤였습니다. 한가한 일요일, 하나네는 집안에서 역사 찾아가기를 다시 시작했습니다.

이번에는 광해군의 자취를 찾아보는 차례입니다.

"광해군은 임금으로 있다가 나쁜 짓을 했다고 쫓겨난 두 임금 중 한 임금이야. 다른 한 임금이 누구였지?"

아빠가 물었습니다.

"연산군이에요."

하나가 얼른 대답했습니다.

"그래, 연산군은 벌써 알아보았잖니. 그런데 나쁜 임금 대신 새 임금을 세우는 걸 뭐라고 했지? 하늘이가 대답해 보렴."

"반정이라고 해요."

"그래, 맞아. 광해군은 인조 반정에 의해 쫓겨난 임금이다. 불행한 임금이지."

"연산군처럼 나쁜 일을 많이 했나 봐요?"

하나의 눈에 벌써 호기심이 어립니다.

"글쎄다. 물론 나쁜 일도 있었지. 그러나 연산군과는 좀 다르단다. 좋은 일도 했으니까."

"그런데 왜 쫓겨났어요?"

"설명하기가 어렵구나. 그건 잠시 뒤로 미루고 광해군에 대해 먼저 알아보도록 하자."

선조는 왕비의 몸에서 왕자를 두지 못하자 오랫동안 세자를 정하지 않고 미루었습니다.

그러다 임진왜란이 터지자 할 수 없이 광해군을 세자로 삼았습니다. 전쟁 중에 무슨 일이 있으면 세자가 임금 대신 나라 일을 보아야 하기 때문입니다.

광해군은 전쟁 중에 나라 안 곳곳을 돌며 군사를 모으고 백성들의 마음을 다독이는 등 세자로서의 일을 잘 해냈습니다.

그래서 신하들과 백성들로부터 나라를 잘 이끌어 가리라는 믿음과 기대를 받았습니다.

그런데 광해군은 왕비가 아니라 후궁의 몸에서 태어난 왕자였습니다. 일찍 세자가 되지 못한 것도 그 때문이었습니다.

거기에다 임해군이라는 형이 있었습니다. 그것을 트집잡아 중국에서는 세자로 보아주지 않았고, 왕위에 오른 뒤에는 중국에서 사람을 보내어 조사까지 했습니다.

임진왜란이 끝난 뒤에 선조는 새 왕비를 맞이하고, 그 왕비에게서 영창대군이라는 왕자가 태어났습니다.

그러자 선조는 광해군 대신 그 왕자를 왕의 자리에 앉히고 싶어했습니다.

그러다가 선조가 갑자기 세상을 뜨는 바람에 광해

군은 어렵게 임금자리에 올랐습니다.

1608년, 광해군의 나이 34세 때였습니다.

"이와 같이 광해군이 임금이 되기까지 복잡한 사정이 있었단다. 그러다 보니 왕위에 오른 뒤에도 임금자리를 빼앗길까봐 몹시 불안해 했지. 그 때문에 형 임해군과 동생 영창대군을 죽이고, 새어머니 인목대비를 가두는 일까지 일어났단다. 그것이 나중에 반정이 일어나는 빌미가 되었어. 거기에는 당파 싸움이 끼여 있었단다."

광해군 때는 주로 소북, 대북 두 무리가 당파 싸움을 벌였습니다.

영창대군 편을 든 사람들이 소북파, 광해군 편에 선 사람들이 대북파였습니다.

광해군은 왕위에 오르자 대북파의 끈질긴 부추김 때문에 임해군을 귀양 보낸 뒤 없애 버렸습니다. 임해군은 동생이 임금이 된 데 불만을 많이 가지고 있었다고 합니다.

그 뒤, 다시 '계축옥사'라고 불리는 사건이 벌어져 영창대군을 귀양 보내 없애고, 새어머니 인목대비까지 가두고 말았습니다.

이 일도 반대 세력을 몰아내기 위하여 대북파들이 꾸민 것이었습니다.

"아무리 당파 때문이었다고 하더라도 너무 했어요."

하늘이가 이맛살을 찌푸렸습니다.

"그런 셈이지. 그러나 임금자리를 둘러싸고 벌어지는 일은 어느 임금 때나 있게 마련이란다."

"그래요, 아빠. 여러 번 그랬어요."

하나가 끼여들었습니다.

"그것이 조선 왕조의 큰 흠이란다."

"그런데 광해군이 잘한 일은 뭐예요?"

하늘이가 물었습니다.

"그래, 그걸 잠깐 살펴보도록 하자."

중립 외교

광해군은 임금자리에 오른 뒤 임진왜란으로 허물어진 나라를 다시 일으켜 세우는 데 힘을 쏟았습니다. 전쟁 때 불타 버린 〈조선왕조실록〉을 다시 찍고, 백성들의 힘을 덜어 주기 위해 '대동법'이라는 새로운 법을 만들어 세금을 거두어들였습니다.

대동법이란 나라에 바치게 되어 있는 그 지방 특산물을 쌀로 통일하여 바치도록 하는 법을 말합니다. 이 법을 펴자 백성들이 부담을 덜게 되었습니다.

또 불타 버린 창덕궁, 경희궁, 창경궁 등을 다시 세웠습니다. 그러나 궁궐을 세우는 일은 많은 돈과 사람의 힘이 필요한 것이어서 백성들의 불평을 사기도 했습니다.

그런 가운데 광해군이 가장 잘한 정치라면 바로 외교라고 할 수 있습니다.

만주의 여진족 누루하치가 후금이라는 나라를 세웠습니다. 이 나라가 곧 청나라입니다.

조선은 힘없는 명나라와 새로 일어난 후금 사이에 놓여 있었습니다.

광해군은 이 틈바구니를 잘 헤쳐 나갔습니다.

즉, 명나라에 대해서는 임진왜란 때 도와 준 은혜를 저버리지 않고, 후금에 대해서는 미움이나 노여움을 사지 않는 외교를 펴 나갔던 것입니다.

드디어 누루하치는 군사를 일으켜 명나라로 쳐들어 갔습니다. 그러자 명나라에서 함께 싸우자며 조선에 군사를 보내 달라고 했습니다.

후금은 후금대로 명나라를 돕지 말라고 요구했습니다.

그러나 임진왜란 때 도움을 받았으므로 명나라의 말을 거절할 수 없었습니다.

광해군은 강홍립에게 군사 1만을 주어 명나라 군대를 돕게 했습니다. 그 대신 강홍립을 따로 불러 몰래 명령을 내렸습니다.

"어쩔 수 없이 군대를 보내는 것이지 싸우고 싶어서가 아니다. 싸움이 돌아가는 상황에 따라 움직이도록 하라."

두 나라 중 어떤 나라와도 맞서고 싶지 않으니

창덕궁 돈화문

창경궁 내 명정문

앞서 싸우지는 말라는 뜻이었습니다.

강홍립은 그 명령대로 싸우는 체하다가 명나라가 기울어지자 후금에 손을 들었습니다.

광해군은 이와 같이 명나라와 후금 사이에서 어느 편도 들지 않는 외교를 폈던 것입니다.

"어쨌든 광해군 때는 나라가 다른 나라의 침략을 받지 않고 무사히 넘어갔지만 광해군이 물러나자 바로 청나라의 침입을 받게 된단다. 또 한 번 전쟁의 소용돌이에 휘말리게 된 셈이지. 그 싸움에 대한 이야기는 다음에 하자."

〈홍길동전〉과 〈동의보감〉

"하늘이는 홍길동에 대해서 알지?"

"네, 나쁜 벼슬아치를 혼내 주고 가난한 사람을 돕는 착한 도둑이에요. 동에 번쩍 서에 번쩍하는 재주도 갖고 있어요."

"그래, 잘 아는구나. 그런데 그 이야기를 누가 지었는지 아니?"

"잊어버렸어요."

하늘이가 머뭇거렸습니다.

"허균이 지은 우리 나라의 첫 한글 소설이란다."

"아빠, 홍길동이 실제로 있었던 사람 아니었어요? 난 정말로 그런 줄 알고 있었는데……."

"응, 실제로 있었다는 말도 있단다. 그러나 이야기로 꾸민 건 허균이야. 그 허균이 바로 광해군 때의 사람이란다."

〈홍길동전〉을 지은 사람은 허균입니다. 그는 학식이 높고 글재주가 뛰어나 일찍 벼슬길에 올라 광해군의 두터운 사랑을 받았습니다.

그러나 나라를 새롭게 바꾸어 보려는 생각을 품고 뜻을 같이하는 사람들을 모으다가 그것이 밝혀져 그만 아깝게도 죽임을 당했습니다.

허균은 그가 쓴 소설의 주인공 홍길동과 비슷한 점이 많습니다. 나라를 새롭게 바꾸어 백성들을 살기 좋게 만들어 보려는 생각이 그랬습니다.

허균은 그런 자신의 뜻을 홍길동을 내세워 나타내었다고 할 수 있습니다.

"너희들 〈동의보감〉이라는 책이름을 들어 본 적 있니?"

아빠가 다시 물었습니다.

"'허준'이라는 텔레비전 드라마도 있었어요."

하늘이가 얼른 대답했습니다.

"그 책이 어떤 책인데요, 아빠?"

하나가 물었습니다.

"유명한 의학서야. 요즘의 의학 백과 사전 같은 것이지. 이 책도 바로 광해군 때에 나왔단다."

〈동의보감〉의 지은이는 허준입니다. 그는 임금의 병을 돌보는 의원이었습니다. 그것을 어의라고 합니다.

허준은 선조의 명령을 받아 〈동의보감〉을 쓰기 시작하여 광해군 때에 완성했습니다.

〈동의보감〉은 한국과 중국의 의학 지식을 모두 모아 놓은 한의학 백과 사전입니다.

이 책은 누구나 쉽게 읽을 수 있도록 많은 부분이 한글로 되어 있고, 그림도 곁들여져 있습니다. 지금도 이 책은 훌륭한 의학 서적으로 꼽히고 있습니다.

마침내 엄마가 점심을 차린다며 자리에서 일어나셨습니다.

"점심을 먹기 전에 마무리를 하자. 훌륭한 일도 있었지만 광해군은 결국 인조 반정으로 왕위에서 쫓겨나고 말았단다. 반정에 관한 얘기는 다음 임금에 가서 살펴보도록 하자."

광해군은 15년 남짓 임금으로 있다가 인조 반정으로 물러났습니다. 때는 1623년이었습니다. 광해군이 나쁜 짓을 해서 쫓겨난 임금으로 알려져 있지만, 연산군과는 달리 훌륭한 일도 여러 가지 하였습니다. 오히려 훌륭한 정치를 했다고 보는 사람이 더 많습니다. 그러니까 반대 세력에 의해 광해군이 왕위에서 쫓겨난 것이라고 보는 사람들이 많다는 것입니다.

　광해군은 여러 곳으로 귀양을 다니며 죽을 고비를 여러 번 넘겼지만, 67세까지 살다가 세상을 떠났습니다.

"참, 우리 나라에 담배가 처음 들어온 것도 바로 광해군 때였단다."

"담배가 들어오게 한 것은 잘못이에요."

엄마가 아빠를 쳐다보며 한 마디 했습니다.

"그래서 끊었잖소."

아빠 말씀에 모두들 웃었습니다.

제16대 인조

따뜻한 일요일, 하나네 가족은 남한산성을 찾아가기로 했습니다. 물론 역사 찾아가기입니다. 인조 임금과 병자호란을 알아보기로 했기 때문입니다.

"오늘 또 하나와 하늘이에게 전쟁 얘기를 들려주어야 할 것 같구나."

차 안에서 아빠가 입을 열었습니다.

"또 전쟁이 있었어요? 임진왜란이 끝난 지 얼

마 되지도 않았는데?"

"그래서 아빠도 신이 나지 않는구나."

"전쟁 이야기는 정말 무서워."

하나가 입을 삐죽거립니다.

"아빠도 너희들에게 세종대왕 때처럼 훌륭한 업적만 들려주고 싶어 하신단다. 그러면 우리의 여행이 얼마나 즐겁겠니."

엄마가 한 마디 거들었습니다.

"하지만 훌륭한 임금만 있는 건 아니잖아요."

"그래, 하늘이 말이 맞다. 역사 속에서는 한결같이 좋은 때만 있는 것이 아니란다. 오히려 그 반대지."

"걱정 마세요, 아빠. 어떤 얘기가 나와도 열심히 들을게요."

하나의 명랑한 말투에 식구들은 다시 웃음을 터뜨립니다.

"그럼 광해군의 뒤를 이어 인조가 임금자리에 오르게 된 것부터 알아보자."

인조 반정

"광해군 때 벌써 얘기했었지? 인조는 반정에 의해서 임금자리에 올랐단다. 광해군을 쫓아내고 임금이 된 셈이지. 그것을 인조 반정이라고 부른단다."

"중종 반정이나 마찬가지인 셈이군요."

하늘이는 벌써 우리 역사를 많이 알고 있습니다.

"그래. 인조 반정은 이렇게 해서 일어났단다."

반정이 일어난 것은 1623년이었습니다.

이귀와 김자점 두 사람은 미리부터 광해군을 몰아내고 새 임금을 세우려는 반정을 꾀하고 있었습니다.

이 두 사람은 당파로 치면 서인이었습니다. 그 무렵 대북 일파의 박해를 받아 서인은 조정에 발을 붙이지 못하고 있었습니다. 서인은 본래 영창대군을 따르던 무리였습니다.

이 두 사람의 행동이 수상하다는 말을 들었지만 광

해군은 대수롭지 않게 여겼습니다. 그러는 사이에 두 사람은 다른 사람들도 자기편으로 끌어들였습니다.

이귀는 군사들을 움직일 수 있는 좋은 꾀를 생각해 냈습니다. 때마침 평산 지방에 호랑이가 들끓고 있었는데 바로 호랑이 사냥을 구실로 내세웠던 것입니다.

이귀와 김자점은 새 임금으로 선조의 손자뻘이 되는 능양군을 받들기로 했습니다.

그 능양군이 뒷날의 인조입니다. 능양군은 이미 동생이 광해군에게 죽임을 당했기 때문에 광해군에게 원한을 품고 있었습니다.

마침내 이들은 밤에 군사를 이끌고 궁궐로 쳐들어가 반정을 성공시켰습니다. 광해군은 궁궐을 빠져나가 숨어 있다가 붙잡혔습니다.

이 때 군사를 이끈 사람이 이괄이었는데, 그는 뒤에 다시 반란을 일으키게 됩니다.

반정에 성공한 이귀 등은 갇혀 있던 인목대비를 찾아가 새 임금을 세우는 일을 허락 받았습니다.

광해군을 몰아낸 이유는 이렇습니다.

첫째, 형과 아우를 죽이고 어머니를 가둔 것.

둘째, 힘에 겨운 일을 벌여 백성들을 어렵게 하고 나라를 위태롭게 한 것.

셋째, 두 마음을 품고 오랑캐에게 항복한 것.

"두 번째, 세 번째는 뭘 뜻하는 거예요?"

하늘이가 물었습니다.

"응, 힘에 겨운 일이란 궁궐을 다시 지은 걸 말하고, 오랑캐에게 항복했다는 건 후금과 친한 것을 말한단다."

"꼭 나쁘다고 할 수만은 없을 것 같은데."

"그렇지. 어쨌든 그렇게 해서 인조 임금이 들어선 거지."

이괄의 난

"인조가 임금이 되고 얼마 되지 않아서 큰 반란이 일어났단다. 평안 병사로 있던 이괄이 일으킨 반란이었지."

"이괄은 인조 반정 때 군사를 이끌었던 사람이잖아요?"

하늘이가 이상하다는 듯이 물었습니다.

"그렇지."

"그런데 왜 다시 반란을 일으켰어요?"

"그 이유는 이렇단다."

이괄은 인조 반정에서 군사를 지휘하는 책임을 맡아 공을 세웠습니다.

그러나 반정이 성공한 뒤에 그 공로에 걸맞은 대우를 받지 못했습니다. 그래서 불만이 많았다고 합니다.

그러다가 이괄은 북방을 지키는 평안 병사가 되어 변두리로 나가게 되었습니다.

그는 군사를 잘 다스린다는 말을 듣던 훌륭한 장수였습니다.

이괄은 평안도 영변에서 군사를 훈련시키며 여진족의 침입을 막으려고 애를 썼습니다.

그의 밑에는 날랜 군사들이 많았습니다.

그런데 이괄이 아들과 함께 반란을 일으키려 한다는

고발이 조정으로 들어갔습니다. 그 고발에 따라 조정에서는 우선 아들을 서울로 잡아 올리라고 했습니다.

이 소식을 들은 이괄은 몹시 화를 내며 급기야 군사를 일으켰던 것입니다.

"저들에게 잡혀가면 없는 죄도 반드시 만들어 내고 말 것이다. 사내가 어찌 앉아서 죽음을 기다릴 것인가!"

그러자 여러 장수가 반란에 힘을 합쳤습니다. 이괄은 군사 1만을 끌고 서울로 나아갔습니다.

이괄의 군대는 관군과 몇 차례 싸워 이기고 한양을 손에 넣었습니다.

이 때 한양에 남아 있던 백성들로부터 큰 환영을 받았다고 합니다.

인조는 공주로 피난을 떠났습니다.

이괄은 선조의 아들 흥안군을 새 임금으로 세웠습니다. 그러나 그것은 하루만에 끝나고 말았습니다.

이튿날 이괄은 관군과의 싸움에서 지고, 부하들 손에 죽임을 당하고 맙니다. 그렇게 해서 반란은 끝이 났습니다.

이것을 '이괄의 난'이라고 합니다.

"임금이 피난까지 간 걸 보면 큰 난이었군요."
하늘이가 놀란 표정을 지었습니다.
"그럼. 한양까지 차지했으니까. 반란군이 한양을 차지한 건 이 때가 처음이야."
"그렇다면 정말 불만 때문이었어요?"
"흔히 이괄의 불만 때문이었다고 하지만, 정권을 잡은 서인이 반대 세력을 몰아내려 했기 때문이었다는 말도 있단다."

정묘호란

드디어 남한산성 앞에 이르렀습니다. 남문 앞이었습니다. 공휴일이라 사람들이 많았습니다.
하나네 가족은 함께 성을 둘러보았습니다.
성문이 매우 웅장하고 성벽도 아직 말짱한 것 같았습니다. 성문을 지나 성안으로 걸어 들어갔습니다.
"이 성은 슬픈 역사를 간직하고 있단다. 청나

라 군사가 쳐들어와 이 곳으로 피난했던 인조가 끝내 항복했던 곳이지."

아빠의 목소리가 어쩐지 무거워 보입니다.

"청나라가 어떤 나라예요?"

하나가 물었습니다.

"응, 여진족의 누루하치가 후금이라는 나라를 세웠다고 저번에 얘기했었지? 그 후금이 나중에 청나라로 나라 이름을 바꾼 거야."

"그런데 왜 쳐들어왔어요?"

"그들은 두 차례나 쳐들어왔단다. 차례대로 얘기해 주마."

인조는 임금이 되자 광해군 때와는 달리 명나라를 가까이 하고 후금을 멀리 하는 외교를 폈습니다.

후금은 조선의 이러한 태도를 몹시 못마땅하게 여길 수밖에 없었습니다.

1627년(인조 5년) 1월, 후금의 3만 군사는 이괄의 난으로 국방이 허술해진 틈을 타서 압록강을 넘어 쳐들어왔습니다.

청나라 군사들은 의주를 거쳐 곧장 남쪽으로 향했습니다. 뒤늦게 소식을 들은 조정에서는 후금의 군사를 막아 보려고 애를 썼습니다. 그러나 곧 평양이 적의 손에 함락되고 말았습니다.

조정에서는 할 수 없이 세자를 전주로 내려보내고 인조는 강화로 피난했습니다.

그 뒤, 후금 쪽에서 싸움을 그만 두고 잘 지내자는 말을 해 왔습니다. 조선의 조정은 다시 두 갈래로 나뉘어졌습니다. 싸우자는 쪽과 잘 지내자는 쪽으로 갈라졌던 것입니다.

그러나 더 싸울 힘이 없다는 것을 깨달은 인조는 후금의 뜻을 받아들이게 되었습니다.

그러자면 앞으로 두 나라는 형제의 의를 맺어야 했습니다.

형제의 의를 맺은 뒤 후금의 군사는 약속대로 조선 땅을 물러났습니다.

이것이 '정묘호란' 입니다.

"아빠, 형제의 의라는 건 뭐예요?"

하나가 빠뜨리지 않고 물었습니다.

"응, 쉽게 말해 후금이 형이 되고 조선이 아우가 되어 형의 나라에 해마다 예물을 바치라는 거지."

병자호란

하나네 가족은 이곳저곳을 둘러보았습니다.

지난날의 건물이 아직도 많이 남아 있었습니다. 그 중에는 군사들의 훈련장으로 사용되었던 연무관도 그대로 남아 있었습니다.

"아빠, 이 곳은 뭘 하던 곳이에요?"

하나가 다시 물었습니다.

"응, 군사들을 훈련시키던 곳이란다. 그러니까 군사 훈련장인 셈이지."

"군사들이 많았었나 봐요?"

"응, 병자호란이 일어나기 전에는 1만 명이 넘는 군사를 훈련시키기도 했단다. 하지만 싸움이 터지고 인조가 이 성에서 버티다가 성문을 열고 나가 항복하는 바람에 제 구실을 하지 못했지."

"그런데 왜 또 쳐들어왔어요?"

"그래, 그걸 이제 알아보자."

정묘호란이 끝난 뒤 후금은 조선에 지나치게 많은 것들을 보내라고 요구했습니다. 그것만이 아닙니다. 때때로 압록강을 건너와 재물을 빼앗아 갔습니다. 그래서 두 나라 사이는 점점 더 나빠지게 되었습니다.

조선에 대한 후금의 생떼는 날로 심해졌습니다. '형제의 의'를 '임금과 신하의 의'로 바꾸자는 억지를 쓰기도 하였습니다.

이 무렵 후금은 만주를 거의 차지하고 만리장성을 넘어 명나라를 파고들며 아주 강한 나라로 변해 가고 있었습니다.

이 때 후금은 나라 이름을 청나라로 바꾸고 임금을 황제로 높였습니다. 그리고는 조선을 윽박질렀던 것입니다.

"이제 청나라는 황제의 나라가 되었다. 따라서 조선은 마땅히 신하로서 우리를 받들어야 할 것이다."

이것만은 도저히 들어줄 수 없는 억지였습니다. 드디어 조정에서는 후금과 맞서 싸우자는 의견이 나왔습니다. 인조는 그 의견을 받아들여 후금의 사신을 만나지 않았습니다.

마침내 청나라 태종은 군사 12만을 이끌고 압록강을 건너 쳐들어왔습니다.

조정에서 대책을 마련하는 동안 적군이 이미 개성을 지났다는 보고가 들어왔습니다.

인조는 부랴부랴 강화도로 피난을 떠나려 했으나 길이 막히고 말았습니다.

할 수 없이 남한산성으로 들어갔습니다. 이 때 우리 군사는 1만 3천, 성안에 있는 식량은 약 50일 정도 버틸 수 있는 양이었다고 합니다.

한편, 청나라 군대는 물샐 틈 없이 성을 에워싸고 여러 가지 요구를 해 왔습니다. 적군에게 에워싸인 성안에서는 다시 싸우자는 사람과 잘 지내자는 주장으로 갈렸습니다.

싸우자는 사람들을 '주전파'라 하고 잘 지내자는 사람들을 '주화파'라 합니다. 주전파의 으뜸은 김상헌이었고, 주화파의 으뜸은 최명길이었습니다.

이렇게 시간을 끄는 사이에 적군의 요구는 점점 더 어려워졌습니다.

처음에는 왕자를 자기들에게 보내라고 하더니 나중에는 세자로 바뀌었습니다. 그리고 주화파의 최명길이 그들을 찾아갔을 때에는 왕이 직접 나와 항복하라고 요구하였습니다.

이 문제를 놓고 다시 두 파가 팽팽히 맞섰습니다.

강화도도 적의 손아귀에 떨어졌다는 보고가 들어왔습니다. 왕자들은 돌아가신 임금들의 위패를 모시고 강화도로 피난 가 있었습니다.

인조는 항복할 수밖에 없다고 생각했습니다.

마침내 인조는 세자와 함께 성문을 나가 한강 동쪽 삼전도라는 곳에서 청나라 태종 앞에 무릎을 꿇고 말았습니다. 성에서 버티기 45일 만이었습니다.

"삼전도는 지금의 잠실 석촌 호수 부근인데 그 곳에 '삼전도비'라는 것이 서 있단다."

"정말 슬퍼요, 아빠."

하나가 슬픈 목소리로 말했습니다.

 "그래, 임금이 직접 항복했으니 얼마나 가슴이 아팠겠니."
 엄마가 옆에서 거들었습니다.
 "임금이 직접 무릎을 꿇고 항복하기는 그것이 처음이지. 그러나 더욱 가슴 아픈 건 백성들의

피해야. 청나라 군대는 물러가면서 수많은 우리 백성들을 끌고 갔는데, 나중에 돈을 받고서야 그들을 풀어 주었단다."

돌아오는 길에 하나네 가족은 송파구 석촌동

에 있는 삼전도비를 둘러보았습니다.

비석은 조각된 거북의 등 위에 올라서 있었습니다. 비석에는 한문이 빽빽이 적혀 있었습니다.

아빠가 그 비석에 대해 설명해 주셨습니다.

"병자호란이 끝난 2년 뒤에 청나라의 뜻으로 세워졌단다. 비에 쓰인 글은 청나라 태종이 이겼다는 걸 찬양하는 내용이야. 우리에게는 아주 부끄러운 비석이지만 이걸 보며 역사의 가르침을 깨달아야 한단다."

"예……."

하늘이와 하나는 가만히 고개를 끄덕입니다.

아빠와 엄마는 하나와 하늘이를 망향의 동산으로 데리고 갔습니다. 전혀 생각지도 못한 곳이라 하나와 하늘이는 출발할 때부터 들떠 있었습니다.

망향의 동산은 임진강 가에 있습니다. 강 건너는 바로 북한 땅입니다.

"고향을 북한 땅에 두고 남쪽으로 온 동포들이 찾아와 가지 못하는 고향 땅을 바라보기도 하고 제사를 올리기도 하는 곳이란다. 그런데 여기 오니까 조선 시대의 효종 임금이 남의 땅에서 고향을 몹시 그리워했다는 이야기가 떠오르는구나. 오늘은 그 얘기를 해볼까?"

병자호란이 끝나자 인조의 아들인 소현, 봉림, 인평 세 왕자는 볼모로 청나라에 잡혀가게 되었습니다. 인평대군은 곧 돌아왔으나 위로 두 왕자는 8년 동안이나 청나라에 잡혀 있었습니다.

본래는 소현 왕자가 세자로 책봉되어 있어서 다음 임금자리에 오르게 되어 있었습니다. 그러나 청나라에서 돌아오자마자 세상을 뜨는 바람에 봉림대군이 임금에 오르게 됩니다. 그 봉림대군이 바로 효종입니다.

"세 왕자가 왜 붙들려 가 있었어요, 아빠?"
하나가 영문을 모르겠다는 얼굴입니다.
"청나라에 인조가 무릎을 꿇었다고 했지? 청나라는 조선이 약속을 잘 지키게 하려고 왕자를 인질로 잡아간 것이지. 왕자가 잡혀 있으니 말을 안 들을 수가 없잖아. 그것을 볼모라고 한단다."

"얼마나 집에 돌아오고 싶었을까?"

하나는 안됐다는 듯이 엄마를 바라봅니다.

"그래, 그런데도 남의 나라에 8년 동안이나 붙들려 있었으니……."

엄마가 말꼬리를 흐립니다.

북벌 정책과 나선 정벌

"효종은 청나라가 미웠겠어요."

자기 주장이 언제나 뚜렷한 하늘이가 입을 열

었습니다.

"그럼. 그래서 효종은 임금의 자리에 오르자 맨 먼저 청나라를 칠 계획을 짜게 된단다. 거기에 대해서 자세히 살펴보자."

효종은 볼모로 끌려가 고생을 많이 했던 탓에 청나라에 대한 복수심이 누구보다도 컸습니다. 그래서 청나라를 칠 계획을 짜게 됩니다.

"반드시 청나라를 쳐서 삼전도에서 당한 나라의 부끄러움을 씻으리라."

청나라를 치는 것을 '북벌'이라고 합니다.

효종은 그 계획을 아무에게도 밝히지 않았습니다. 오직 일찍이 북벌론을 내세운 송시열과 이완 등 몇 사람과 뜻을 맞추었습니다.

효종은 군사를 키우고 무기를 만드는 등 몰래 전쟁 준비를 했습니다. 그러나 두 차례나 전쟁을 치른 뒤여서 점점 강해지는 청나라를 친다는 것은 쉬운 일이 아니었습니다.

그러던 중 청나라로부터 군대를 보내 도와 달라는 요청을 받게 되었습니다. 그것이 곧 '나선 정벌'입니다.

'나선'이란 러시아를 한문으로 풀이한 것입니다. 그 때만 해도 조선에서는 '나선'이라는 나라를 알지 못했습니다.

러시아는 16세기부터 동쪽으로 진출하여 우수리 강 언저리에서 청나라 세력과 부딪치게 되었습니다. 청나라는 그들과 싸우기 위해 조총을 잘 쏘는 조선 군사의 도움을 바랐던 것입니다.

"북벌을 가늠해 볼 좋은 기회다."

효종은 군사 150명을 보냈습니다. 조선 군대는 두만강을 건너가 영고탑이라는 곳에서 청나라 군사와 힘을 합쳤습니다. 그리고 '나선' 군사를 흑룡강 북쪽까지 내몰았습니다.

이것이 '제1차 나선 정벌'입니다.

그 뒤 다시 청나라의 뜻에 따라 조선 군사 260여 명이 제2차 정벌에 나섰습니다. 이 때 조선 군대는 용감히 싸워 적군의 배 10여 척을 불태웠습니다.

두 차례의 나선 정벌로 조선 군사의 기세는 한껏 올랐습니다. 그래서 더욱 군사를 키우며 북벌 계획에 힘썼으나 나라 살림이 어려워 결국 북벌의 뜻을 이루지 못하고 말았습니다.

효종은 북벌의 뜻을 이루지 못하고 10년 동안 임금으로 있다가 세상을 떠났습니다. 때는 1659년이었습니다.

"뜻을 이루지는 못했지만 그 생각만은 아주 용감했어요."

하늘이가 아쉽다는 듯이 말했습니다.

"그래, 전쟁으로 나라 살림이 형편없이 피폐해져 북벌의 뜻을 펴기에는 도저히 미치지 못한 데다 청나라의 세력이 점점 강해져서 그럴 기회가 오지 않았단다."

"청나라 임금의 무릎을 꿇게 했다면 얼마나 좋았을까."

하나도 몹시 아쉬운 얼굴입니다.

〈하멜 표류기〉

망향의 동산을 둘러보고 온 가족이 휴게실로

들어가 음료수를 마셨습니다.

"너희들, 혹시 하멜이라는 이름을 들어보았니?"

아빠가 갑자기 불쑥 물었습니다.

"〈하멜 표류기〉라는 책이름을 들어봤어요."

하늘이의 대답입니다.

"그래, 바로 그 사람이다. 그 사람이 효종 때 우리 나라에 표류해 왔단다."

"표류해 온 게 뭐예요, 아빠?"

하나가 묻습니다.

〈하멜 표류기〉의 삽화

"응, 타고 가던 배가 폭풍에 휩쓸리거나 고장이 나서 바다 위를 떠다니는 걸 말한단다."

1653년, 네덜란드 사람 하멜이 폭풍을 만나 제주도에 표류했습니다.

그는 64명의 네덜란드 인과 함께 일본 나가사키를 떠나 자기네 나라로 가다가 폭풍을 만났던 것입니다.

하멜을 비롯하여 36명이 살아남았는데, 효종은 그들을 받아들여 조총과 화포 등 새로운 무기를 만드는 데 힘을 쓰도록 했습니다.

바로 북벌 계획에 온 힘을 쏟고 있을 때였습니다.

하멜은 14년 동안 조선에 붙잡혀 있다가 다음 임금인 현종 때 조선을 빠져나가 네덜란드로 돌아갔습니다.

그리고 〈하멜 표류기〉라는 책을 썼습니다. 조선을 유럽에 처음으로 알린 이 책은 조선의 제도, 풍속, 문화가 소개되어 있어서 귀중한 자료가 됩니다.

"아, 정말 신기하다. 어떻게 제주도까지 올 수 있었을까?"

하나가 아주 신기해 합니다.

"그 무렵에 일본에는 유럽 사람들이 많이 드나들었단다. 그래서 그렇게 된 거지."

"그럼 하멜도 고향을 몹시 그리워했겠네요?"

"그랬겠지. 자그마치 14년 동안이나 돌아가질 못했으니."

제18대 현종

 망향의 동산에 다녀온 지 며칠이 지났습니다. 토요일 저녁, 하나네 가족은 식탁에 모여 앉아 역사 찾아가기를 시작하였습니다.

 "현종은 효종의 맏아들로 효종이 청나라에 볼모로 잡혀가 있을 때 태어났단다. 그런데 효종의 뒤를 이어 15년 동안이나 임금으로 있었으나 뚜렷하게 내세울 만한 일이 없구나."

 아빠는 현종의 이야기를 꺼냈습니다.

1659년, 효종이 죽자 현종이 왕위를 이었습니다. 현종은 아버지 효종이 꿈꾸던 북벌 계획이 어렵다고 여겼습니다.

임금으로 있는 동안 바깥으로부터 침입은 없었으나 서인과 남인 사이의 당쟁이 끊일 새 없었습니다.

효종이 죽자 그 장례를 어떻게 치르느냐를 두고 문제가 생겼습니다. 예절을 두고 일어난 일이라서 그것을 '예송'이라고 부릅니다. 물론 당파끼리 갈라져 서로 내세우는 게 달랐습니다.

옛날에는 부모가 돌아가시면 그 가족은 얼마 동안 상복을 입고 지내게 됩니다. 현종 시대의 예송은 그 상복을 얼마 동안 입느냐를 두고 다툰 것이었습니다.

"아빠, 무슨 얘기인지 우리는 잘 모르겠어요."
하나가 투덜거렸습니다.
"그래, 너희들뿐만 아니라 현대인이라면 누구도 이해하기 어려운 문제지. 그러나 지나치게 예절을 따졌던 그 무렵만 해도 큰일이었단다."
"왜 그런 일로 서로 싸웠는지 알 수 없어요."

"조선 시대의 당쟁에는 이런 쓸데없는 다툼이 많았단다. 어쨌든 이 얘기는 이 정도로 넘어가자. 그 대신 다른 걸 잠깐 살펴보도록 하자."

아빠의 말씀에 하늘이와 하나의 표정은 다시 밝아집니다.

"현종 때에는 기상에 대한 글이 자주 눈에 띈단다."

"어떤 건데요?"

하나는 아빠 곁에 바짝 다가앉으며 눈빛을 빛냅니다.

기상 변화와 천재지변

현종 11년에는 함흥 지방에 천둥 번개가 치면서 우박이 내렸는데 큰 것은 밥그릇만 하고 작은 것은 주먹만 했다고 합니다.

그런가 하면 갑산 지방에서는 때아닌 눈이 내리고 냇물이 얼어붙었다고 합니다.

 현종 12년에는 충청도 태안 바닷가에 큰바람이 휘몰아쳐 배가 가라앉고 그 안에 타고 있던 사람이 모두 물에 빠져 죽었습니다.

 현종 13년에는 하늘에서 노란 기운이 해를 가려 일식 때와 같이 어두워져 사람들이 몹시 불안해 했다고 합니다.

"그런 변화는 왜 일어났을까요?"

"글쎄, 자세한 건 알 수 없지만 요즘으로 치면 이상 기후 같은 것이겠지."

"그런 걸 자세히 써 놓은 걸 보면 기상을 살피는 기술이 세종 때부터 꾸준히 발달했다는 뜻이군요."

하늘이가 의젓하게 말했습니다.

"그래. 현종 때에 천문을 살피고 역법을 공부하기 위해 혼천의를 다시 만들었다니까."

"당쟁으로 나라가 시끄러웠으면서도 문화 쪽에는 꾸준한 발전이 있었네요."

"그렇단다. 현종 때는 구리와 철로 금속 활자를 만들기도 했단다."

현종은 신하들이 두 당파로 나뉘어 예절 때문에 티격태격하는 가운데 15년 남짓 임금으로 있다가 34세의 젊은 나이로 세상을 떠났습니다. 때는 1674년이었습니다.

제19대 숙종

하나네 가족은 다시 한 번 산성을 찾아가기로 하였습니다. 이번에는 서울의 북쪽에 있는 북한산성이었습니다.

북한산성은 숙종이 다시 고쳐 쌓은 산성입니다. 그리고 거기에 '대동문'이라고 쓰여진 성문의 글씨는 바로 숙종이 쓴 글씨라고 합니다. 오늘의 역사 찾아가기는 그 글씨를 보러 가는 것으로 시작하기로 하였습니다.

"오늘은 등산도 하겠네요?"

하늘이와 하나는 몹시 기뻐하였습니다.

가족 모두 등산복 차림으로 집을 나섰습니다. 배낭에는 맛있는 점심이 담겨 있었습니다.

수유리에서 차를 내려 북한산을 오르기 시작하였습니다.

따뜻한 봄날이었습니다.

대동문 앞에 다다른 것은 점심나절이었습니다. 대동문은 북한산성

북한산성 대동문

의 많은 성문 가운데 하나입니다.

"자, 저 성문 위의 글씨를 보아라. 저것이 숙종의 글씨란다."

성문은 생각보다 웅장하지는 않고 아담한 편이었습니다. 글씨는 한자로 씌어 있었습니다.

"잘 쓴 글씨 같아요, 아빠?"

하나가 고개를 젖히고 글씨를 쳐다보며 물었습니다.

"그래, 숙종은 글씨를 잘 썼다는구나."

다른 등산객들도 그 글씨를 쳐다보며 이야기를 나누었습니다.

숙종의 업적

숙종은 현종의 외아들로 어릴 때부터 매우 똑똑했습니다. 숙종 시대는 조선 왕조를 통틀어 당파 싸움이 가장 심했던 때였습니다.

그러나 숙종은 오히려 그것을 이용하여 왕의 권한을 강하게 만들어 임진왜란, 병자호란을 거치면서 계속되던 어지러움을 가라앉혔습니다.

그래서 조선을 새롭게 발전시킨 임금으로 알려져 있습니다.

숙종 임금은 광해군 때 경기도에 처음 시작한 대동법을 경상도와 황해도까지 널리 폈습니다. 그것으로 백성들이 세금을 바치는 데 큰 힘을 덜게 되었습니다.

그리고 이 무렵부터 활발해진 상업을 도우려고 화폐를 만드는 데 큰 힘을 기울였습니다. 그것이 구리와 납으로 된 '상평통보'라는 엽전입니다.

이 화폐는 인조 때에 처음 만들어졌으나 백성들이 잘 알지 못하고 또 믿지 않았기 때문에 쓰임새가 적었습니다. 그러다가 숙종 때부터 나라 안에 두루 쓰이게 된 것입니다.

상평통보는 경제 발전에 많은 보탬을 주고 조선이 기울어질 때까지 2백 년 동안 널리 쓰였습니다.

숙종은 국방에도 힘을 썼습니다. 개성 북쪽에 대흥산성, 황룡산성 등 새 성을 쌓고, 특히 북한산성을 크게 고쳐 쌓았습니다. 그래서 남한산성과 함께 서울을 지키는 두 성으로 삼았습니다.

"그러니까 지금의 이 성은 숙종 임금 때 쌓은 것이군요."

하나가 새삼스런 눈으로 성벽을 둘러봅니다.

"그렇단다. 그 전부터 있었으나 크게 고쳐 쌓은 것이지."

성벽 길을 따라 등산을 계속했습니다. 구불구불 이어진 성벽은 군데군데 허물어진 모습이었습니다.

백두산 정계비

"혹시 너희들 '백두산 정계비'라는 말을 들어 본 적 있니?"

성벽을 따라 걷다가 갑자기 아빠가 물었습니다.

"역사 시간에 들은 것 같은데 자세히 알지는 못해요."

하늘이가 솔직하게 대답하였습니다.

"그래, 숙종 때 청나라와 국경을 정하기 위하여 백두산에 세운 비석이란다. 우리의 영토를 확실히 정한 것이지."

그 무렵 조정에서는 백두산 부근의 국경을 넘어가 산삼을 캐지 말라는 명을 내렸습니다. 우리 백성들이 만주 깊숙이 들어가 산삼을 캐 오는 일을 청나라가 알고 까탈을 부렸던 것입니다.

그런데 넘지 말라는 국경이 어디인지 분명하질 않아 조선과 청나라 사이에는 국경 다툼이 자주 일어났습니다.

1712년, 청나라에서 글을 보내 왔습니다.

'장백산(백두산) 남쪽을 살필 관리를 보내니 조선에서도 관리를 보내 함께 두 나라의 국경을 정하기 바란다.'

숙종은 사람을 보내면서 이렇게 말하도록 하였습니다.

'토문, 압록 두 강의 남쪽 땅은 모두 조선의 땅이다. 그러므로 백두산에서는 그 두 강이 처음 흐르는 곳을 경계로 삼아야 한다.'

그들은 청나라 관리를 만나자 이렇게 말했습니다.

"장백산 꼭대기에 큰 연못이 있는데 물이 거기서 서쪽으로 흘러 압록강이 되고 동쪽으로 흘러 토문강이 되었소. 그 연못의 남쪽은 모두 우리 땅이오."

두 나라 관리는 마침내 백두산 천지에 이르러 토문강과 압록강이 처음 흘러내리는 곳을 발견했다고 합니다. 그리고 그 위에 글을 새긴 돌을 세웠습니다. 이것이 바로 '백두산 정계비'입니다.

그 뒤 일본이 청나라와 만나 토문강 훨씬 남쪽에 있는 두만강으로 한국과 청나라의 국경선을 삼는다고 자기들 마음대로 정했습니다.

이 때문에 우리 동포가 많이 사는 간도를 만주에 넘겨주고 말았습니다.

"토문강이 두만강과 다른 강이었군요?"

하늘이가 이제야 알았다는 듯이 말합니다.

"그럼. 이름이 비슷하지만 전혀 다른 강이란다."

"왜 일본은 청나라와 그렇게 정했어요?"

"만주를 자기들 손아귀에 넣으려는 속셈 때문이었지."

"그런데 그 비석이 아직도 백두산에 서 있어요, 아빠?"

하나는 그것이 궁금합니다.

"뒤에 만주 사변이라는 전쟁을 일으킨 일본군이 없애 버렸단다."

울릉도와 안용복

산성을 따라 걷는 등산은 조금도 힘이 들지 않았습니다. 그러나 하나가 다리가 아프다고 하는 바람에 가족들은 그늘에 앉아 잠시 쉬기로 하였습니다.

"땅 얘기가 나왔으니 울릉도에 관한 이야기를

더 해 주마."

아빠가 이마에 흐르는 땀을 닦으며 입을 열었습니다.

"울릉도는 신라 때부터 우리 땅이잖아요?"

하늘이가 이상하다는 듯이 말합니다.

"그렇지. 그런데 일본과의 사이에 문제가 생겼단다."

울릉도를 신라 때는 우산국이라 하여 지증왕 때 정복한 섬입니다.

고려가 망하고 조선이 세워지는 동안 사회가 어지럽자 그 곳으로 도망가 사는 사람이 많았습니다.

그러다가 태종과 세종 무렵에 그 곳에 사는 사람들을 다시 육지로 돌아와 살게 하였습니다. 그래서 울릉도는 사람이 없는 빈 섬이 되었습니다.

그런데 이렇게 비워 둔 울릉도를 일본 어부들이 자주 침범했습니다.

안용복이라는 어부가 풍랑을 만나 울릉도에 닿게 되었습니다.

섬을 살피던 그는 일본 어부들이 집을 짓고 살고 있는 것을 발견했습니다.

"이 곳은 우리 땅이다. 너희들이 왜 여기 집을 짓고 사느냐?"

안용복은 일본 어부들에게 따졌습니다. 그러나 일본인들의 숫자가 많아 안용복은 강제로 일본 땅으로 끌려가고 말았습니다.

일본에 끌려간 안용복은 여러 섬의 우두머리들을 만나 울릉도가 조선 땅이라고 당당히 말했습니다.

마침내 일본에서는 울릉도가 조선의 땅이라고 인정하고 다시는 어민들을 보내지 않겠다는 문서를 만들어 주었습니다.

"아, 그렇게 용감한 어부도 있었군요!"

하나가 감탄을 합니다.

"그래, 그 사람은 어부였지만 일본말도 잘했고 말솜씨도 좋았단다."

"한 사람의 어부가 훌륭한 외교를 펴고 돌아온 셈이군요."

하늘이도 벌어진 입을 다물 줄을 모릅니다.

"그런데 일은 그렇게 쉽게 풀리지만은 않았단다. 그리고 안용복이 활약한 부분도 더 남았지."

그런데 뜻밖의 일이 일어났습니다.

대마도의 우두머리가 이 기회에 빈 섬으로 있는 울릉도를 빼앗을 속셈으로 안용복을 부산에 넘기면서 문서를 아주 엉뚱하게 바꿨습니다.

안용복이 일본 영토인 '죽도'를 침입했다면서 다시는 오지 못하게 해 달라는 것이었습니다.

일본이 말하는 죽도란 바로 우리 울릉도를 말하는 것입니다.

그 무렵, 그들은 울릉도를 죽도라 불렀습니다. 그러니까 울릉도와 죽도가 같은 섬인 줄 알면서도 마치 다른 섬인 양 꾸며서 울릉도를 빼앗으려는 속셈이었습니다.

조정에서는 다행히 그 꾀를 알아차렸습니다.

그러나 일본과의 관계를 생각하여 일본 어부들이 울릉도에 옮겨와 사는 것을 덮어두려 했습니다.

안용복은 자기 힘으로 울릉도 문제를 매듭지을 결심을 하고 3년 뒤에 다시 일본으로 건너갔습니다. 그는 자신이 울릉도를 다스리는 관리인 양 꾸몄습니다. 그리고 따졌습니다.

"이미 3년 전에 울릉도와 독도가 우리 땅이라는 문서를 받아 가지고 갔는데 대마도 우두머리가 몰래 바꾸었소. 그리고 거듭 울릉도를 침범하고 있으니 이 일을 관백에게 알리겠소."

그러자 일본은 문제가 커질 것을 염려하여, 울릉도를 침범한 일본 어부들을 벌주고 두 섬이 조선의 땅이라는 문서를 보낼 것을 약속했습니다.

그러나 안용복은 조선으로 돌아오자 붙잡혀 갇히고 말았습니다.

조정에서는 함부로 국경을 넘어 남의 나라로 들어갔다는 죄목으로 그를 사형시키려고 했습니다.

이듬해, 울릉도를 조선의 땅으로 받아들이고 어부들을 보내지 않겠다는 문서가 도착하자 겨우 목숨을 건진 안용복은 외딴 섬으로 귀양 가게 되었습니다.

"그렇게 훌륭한 일을 했는데 왜 귀양을 보내

요?"

하나가 의아한 표정을 짓습니다.

"그가 힘없는 백성이었기 때문이지."

"그러나 안용복은 울릉도를 우리 땅으로 만들기 위해 힘을 아끼지 않은 훌륭한 애국자잖아요."

하늘이가 대신 대답하였습니다.

"그래, 이 나라 이 땅을 누가 지켜야 하는가를 교훈으로 남긴 사람이야."

제20대 경종

　당파 싸움이 심한 가운데 숙종의 뒤를 이어 임금이 된 경종은 몸까지 약해서 별다른 업적을 남기지 못했습니다.

　경종은 숙종의 맏아들이었습니다. 그러나 왕비의 몸이 아닌 후궁의 몸에서 태어났습니다. 어머니는 장희빈이었습니다.

　경종은 후궁의 몸에서 태어났기 때문에 임금이 되기까지 여러 가지 일들을 겪어야 했습니다. 왕비가 아직 젊어서 왕자를 기다려 보아야 한다는 신하들이 많았습니다.

 큰 학자인 송시열은 그렇게 뜻을 말했다가 죽임을 당하기도 했습니다. 이 때 왕비인 인현왕후 민씨도 미움을 받아 쫓겨났습니다.

몸과 마음이 약한 세자

 경종은 세 살 때 세자가 되었습니다. 이 때 어머니 장씨도 빈으로 높여졌습니다. 그리고 왕비인 인현왕후 민씨가 쫓겨나자 희빈 장씨는 왕비가 되었습니다.
 그러나 숙종은 점점 장씨를 싫어하게 되었습니다. 그러다가 쫓겨난 민씨가 갑자기 죽게 되고, 숙종은 장씨가 민씨를 죽게 해 달라고 굿을 한 사실을 알게 되었습니다.
 이로써 숙종은 장씨를 다시 빈으로 내리고 죽은 민씨를 다시 왕비로 높였습니다. 그리고 얼마 뒤 장씨에게 사약을 내렸습니다.
 장씨가 죽을 때 세자의 나이는 열네 살이었습니다. 어머니의 죽음을 지켜본 세자는 그 후부터 줄곧 병에 시달렸습니다.

병약한 세자가 자식을 얻지 못하자 숙종은 숙빈 최씨의 아들인 연잉군으로 하여금 세자의 뒤를 잇게 했습니다.

　연잉군은 그 해에 세자 대신 나라 일을 배우라는 숙종의 명을 받았습니다. 이 때 세자는 소론이 떠받들었고, 연잉군은 노론이 떠받들었습니다. 이리하여 소론과 노론의 당파 싸움은 날로 심해졌습니다.

그런 가운데 숙종 임금이 죽고, 세자가 30세의 나이로 경종 임금이 되었습니다. 경종은 세자 때 4년 동안 아버지 숙종 대신 국정을 돌본 경험이 있었습니다. 그래서 나라 일을 돌보는 데 어려움은 없었습니다.

그러나 본래 몸이 약한 경종은 아버지 장례를 치르는 동안 건강이 몹시 나빠져 제정신이 아닌 때가 많았습니다.

그런 몸으로 나라 일을 제대로 볼 수 없었던 경종은 노론과 소론의 정권 다툼도 막지 못하고, 특별한 업적도 못 남겼습니다.

노론과 소론의 다툼

어느 날이었습니다. 경종은 소론들이 올린 글을 받았습니다. 거기에는 '노론의 큰 신하들이 모여 경종이 죽으면 연잉군을 임금으로 받들기로 뜻을 모았다'고 씌어 있었습니다.

경종은 몹시 불쾌했습니다.

"당장 그들을 모두 불러들이라!"

경종은 소리쳤습니다.

"내가 죽으면 당연히 연잉군이 임금자리를 물려받을 텐데 왜들 서두르시오!"

노론의 신하들은 몸둘 바를 몰라 했습니다. 그러자 소론의 신하가 아뢰었습니다.

"이들에게 벌을 내려 목을 베소서."

그러나 경종은 그 동안 국사를 잘 돌본 점을 들어 그들의 목은 베지 않고 멀리 귀양을 보냈습니다.

그렇게 했음에도 불구하고 소론들은 마음을 놓을 수가 없어 다른 일을 꾸몄습니다.

"노론 무리들은 세자 때부터 전하를 죽이고자 공모하였습니다. 그리고 역적들은 전하 대신 연잉군을 임금으로 모시고 노론의 세상을 만들고자 지금도 기회를 엿보고 있습니다."

병석에 누워 있던 경종은 자리를 차고 일어났습니다.

"내가 죽기를 바라던 노론들이 이제 죽이려 든단 말이냐? 당장 그 놈들을 잡아들이고, 귀양 보낸 놈들에게는 사약을 내리거라!"

조정은 피바다가 되었습니다. 노론의 큰 신하는 물론 173명에 이르는 노론파들이 죽임을 당했습니다. 그리고 소론파들이 권력을 잡았습니다.

이 피비린내 속에서도 눈에 띄는 두 가지 일이 있었습니다.

하나는 남구만이 〈약천집〉을 써서 독도가 우리 땅임을 밝혀 놓은 것이고, 다른 하나는 서양의 것을 본뜬 소화기가 만들어진 것입니다.

경종은 병약한 몸으로 4년 동안 임금자리를 지키다 연잉군에게 그 자리를 물려주고 세상을 떠났습니다. 때는 1724년이었습니다.

제21대 영조

영조 임금이 살았던 경희궁에 가기로 한 약속이 깨어졌습니다. 일요일인데도 아빠가 일이 바빴기 때문입니다.

"당신이 대신 하나와 하늘이에게 영조 임금의 얘기를 해 줘야겠어요."

엄마는 갑작스런 아빠의 부탁에 어리둥절한 표정을 지었습니다.

"당신 지난번에 혜경궁 홍씨가 쓴 〈한중록〉을

읽고 울었잖아요. 그 얘기를 조금만 간추려 정리하면 훌륭한 영조 임금 얘기가 될 거요. 거기 나오는 사도 세자가 바로 영조 임금의 아들이잖소."

아빠가 나가신 뒤 엄마는 하나와 하늘이를 불렀습니다.

탕평책

영조 임금은 아버지 숙종 임금과 무수리(나인들의 일을 돕는 종)였던 후궁 최씨의 아들로 태어났습니다. 어머니의 천한 신분 때문에 같은 왕자이면서도 형 균과는 다르게 업신여김을 받으며 자랐습니다.

그러다 병만 앓던 경종 임금이 죽자, 그 뒤를 이어 영조 임금이 되었습니다. 때는 1724년이었습니다.

학문을 사랑하는 영조가 임금이 되자 세상이 달라졌습니다. 학문에 힘쓰는 학자들이 많이 나왔습니다. 그리고 그 학자들 사이에서 지금까지의 유학을 새롭게 생각하는 바람이 일어났습니다. 실학이 바로 그것입니다.

 이 실학은 선조 때 나라 일로 중국에 갔다 온 이수광이 첫 싹을 틔웠습니다. 그렇지만 이 싹에 거름을 주어 꽃을 피운 것은 영조 임금 때입니다.

 "겉치레만 찾다 보니 허구한 날 패를 지어 싸움만 하지 않았던가. 이제부터는 백성들의 생활에 도움을 주는 학문을 하자!"

 벼슬아치 양반을 제치고 중인 출신의 학자들이 이렇게 외치고 나왔습니다. 그 때까지 조선을 이끌어 온 학문은 백성들의 생활에는 별로 도움이 되지 않았습니다.

 조정 신하들이 모이면 싸우는 것도 겉치레만 내세워 자기 편 주장만 하려 드는 그 학문의 나쁜 점 때문이었습니다. 그래서 영조 임금은 당파를 가리지 않고 인재를 고루 뽑아 쓰겠다는 '탕평책'을 발표했습니다.

 "당파 싸움으로 조정은 병이 들어 썩고, 살피지 못한 백성들은 못된 벼슬아치들 때문에 시달리고 있소. 그러니 이제부터는 훌륭한 인물이면 당파를 가리지 않고 뽑아 쓸 터이니, 그리 알고 나라와 백성을 위할 사람을 뽑아 올리시오."

그러나 오랜 버릇으로 내려온 당파 싸움은 곧바로 없어지지 않았습니다. 그래도 영조 임금은 탕평책을 여러 방법으로 꾸준히 슬기롭게 밀고 나갔습니다.

그래서 노론과 소론이 머리를 맞대고 정치를 논할 수 있게 되었습니다. 드디어 권력이 한쪽으로만 치우치지 않게 되었던 것입니다.

그리고 같은 당파의 집안끼리는 결혼도 못하게 만들었습니다. 그러자 마침내 당파 싸움은 고개를 수그리게 되었습니다.

훌륭한 신하 박문수

탕평책으로 영조 임금이 뛰어난 정치를 할 수 있었던 것은 곁에 훌륭한 신하들이 있었기 때문입니다.

영조 임금은 좋은 신하들을 뽑아 쓰고 그 신하들을 끝까지 아꼈습니다. 특히 박문수를 영조 임금은 사랑하고 믿었습니다.

박문수가 암행어사로서 공을 세우고 조정에 들어와 일을 볼 때였습니다.

박문수는 임금 앞에서 다른 신하들과 달리 고개를

숙이지 않았습니다.

그런 박문수를 두고 대신들은 임금께 예를 갖추지 않는다고 나무랐습니다. 그러자 박문수는 당당히 맞섰습니다.

"말씀을 아뢸 때 머리를 들지 못하는 것은 간신들이 아첨할 때나 하는 것이오. 바른 말씀을 올리는데 왜

바로 볼 수 없단 말이오."

신하들이 영조 임금의 눈치를 살폈습니다.

"그렇소. 임금 앞에서 신하가 너무 어려워하는 것은 좋지 않소. 앞으로 내게 말을 할 때는 누구나 고개를 들도록 하시오."

영조 임금은 이처럼 박문수를 앞세워 다른 신하들까지 높여 주었습니다. 그만큼 박문수는 여러 벼슬을 지내면서 어려운 백성들을 돌보아 왔기 때문에 영조 임금의 믿음을 높이 샀던 것입니다.

한편 영조 임금은 백성들이 검소하고 부지런한 생활을 하도록 술을 못 마시게 했습니다.

영조 임금이 백성들에게 술을 못 마시게 한 까닭이 있었습니다. 술을 마음대로 마시게 내버려두면 너무 많은 곡식이 없어집니다. 또 술 마신 사람은 게을러져 일하기를 싫어할 뿐만 아니라 몸도 해치게 됩니다.

이런 이롭지 못한 점을 들어 술을 못 마시게 하자, 법을 어기고 몰래 술을 빚는 사람이 생겨나기도 했습니다.

한번은 유세교란 사람이 숨어서 술을 빚다가 형조에 끌려 왔습니다.

"이 놈, 법을 어기어 술을 빚고도 초를 빚었다고 거짓말을 해. 어서 바른 대로 이르지 못할까!"

하지만 유세교는 아무리 닦달을 당해도 바른 말을 하지 않았습니다.

그 말을 들은 영조는 유세교가 빚은 술을 가져오게 했습니다.

"이것이 틀림없는 술이렷다?"

"예, 틀림없사옵니다."

영조 임금은 고개를 끄덕였습니다. 그리고 이번에는 우의정 김상로에게 말했습니다.

"이게 정말 술인지 맛을 보아 알아보시오."

김상로가 항아리에 손가락을 집어넣었다가 맛을 보고 아뢰었습니다.

"혀로 맛을 보니 술이온데, 코로 냄새를 맡아보니 초인 것 같사옵니다."

슬기로운 대답을 듣고 영조 임금은 판결을 내렸습니다.

"유세교는 듣거라. 네 주장대로 초가 분명하니 가지고 가거라."

죽는 줄만 알았던 유세교는 코가 땅에 닿도록 절을

하며 울음을 터뜨렸습니다.

"상감 마마, 다시는 초를 빚지 않겠나이다."

영조는 이토록 슬기로운 임금이었습니다.

균역법

우리 나라는 고려 때부터 부병제가 있어 왔습니다.

부병제란 농사일이 없는 계절에 백성들을 훈련시켜 국방을 맡게 하는 법입니다. 그러니까 농사가 바쁠 때는 농사일을 하고 한가할 때는 군사가 되는 것입니다.

그런데 바쁘거나 특별한 일이 생겨서 군사가 되지 못하는 일이 있습니다. 그 때 나라에서는 군사가 되는 대신 삼베나 무명을 세금으로 내게 했는데, 이것이 바로 군포입니다.

1750년, 마침내 영조는 평민들이 내는 이 군포를 2필에서 1필로 줄인다고 발표했습니다. 그리고 그 때문에 모자란 나라 살림을 물고기세, 소금세, 선박세로 메우고 이를 맡는 관청을 만들었습니다.

보통 사람의 군포를 반으로 줄이는 대신 양반도 평민과 똑같이 세금을 내도록 한 것이 '균역법'입니다.

이 법은 누구든 나라에 세금 바치는 일은 똑같아야 한다는 영조 임금의 생각에 따른 것입니다.

그러나 '균역법'이 제대로 시행되기까지는 2년이 걸렸습니다. 양반들이 거세게 반대하고 나섰기 때문입니다. 그런데도 영조 임금은 그들의 반발을 잠재우고 '균역법'을 뿌리내리는 데 성공했습니다.

새로운 청계천

영조 임금은 한양의 한가운데 흐르는 청계천을 깊고 넓게 판 뒤 양옆으로 돌 벽을 쌓게 했습니다.

삽과 쟁기로 청계천 바닥에 쌓인 오물과 흙과 모래를 파낸 다음 동대문 밖으로 옮겨갔습니다.

그 동안 비만 오면 청계천이 넘칠까 봐 안절부절못하던 백성들은 마음을 놓게 되었습니다.

조선 시대에는 나라에서 일을 하면 백성들은 '부역'이라고 해서 품삯 없이 일을 했습니다. 그러던 것이 영조 임금 때에 와서 품삯을 주고 부역을 시켰습니다.

그래서 가난한 백성들은 청계천 일에 품을 팔아 생활을 꾸려 갈 수 있었습니다.

조선 때의 가장 큰 규모로 꼽히는 이 일은 '탕평책', '균역법'과 함께 영조 임금의 세 가지 업적 가운데 하나입니다.

역사 학자 안정복

안정복은 충북 제천에서 태어났습니다. 그는 스스로 닦은 학문을 바탕으로 26세에 〈치통〉, 〈도통〉 두 책을 지었습니다. 〈치통〉은 우리 나라 왕조가 바뀌어 온 것을 적은 것이며, 〈도통〉은 유교를 자세히 적은 것입니다.

그러나 안정복은 자신의 학문이 모자람을 깨닫고 이익을 찾아가 실학을 배웠습니다. 그리고 그는 〈동사강목〉을 쓰기 시작했습니다.

안정복은 스승 이익의 보살핌 속에 3년 만에 20권의 〈동사강목〉을 완성하였습니다.

이 책의 내용은 오랜 옛일부터 고려 시대까지의 역사를 다루고 있습니다.

그런데 이전 것과는 전혀 달랐습니다. 이전 역사책들이 한결같이 〈삼국사기〉나 〈고려사〉, 〈동국통감〉 같은 책을 베끼거나 추려 낸 정도였는데 그것의 잘못을 찾아내 따지는가 하면, 〈삼국유사〉와 떠도는 역사 이야기들을 가져다 썼습니다.

안정복은 이 밖에 많은 책을 남겼습니다.

사도세자

사도세자는 영조 임금과 영빈 이씨 사이에서 태어났습니다. 이복 형 효장세자가 일찍 죽어 2세에 세자가 되고, 10세에 영의정 홍봉한의 딸 혜빈 홍씨와 결혼했습니다.

영조 임금은 사도세자가 15세가 되자 대리 청정을 시키고, 자신은 손자와 함께 책을 읽으며 한가롭게 지냈습니다.

이 때 조정은 겉으로는 평온해 보였지만 속으로는 그렇지가 못했습니다.

사도세자를 못마땅하게 여기는 영조 임금 편의 신하들과 사도세자 편을 드는 신하들이 항상 으르렁거리고 있었습니다.

그래서 영조 임금 편에 선 사람들은 사도세자가 조금

만 잘못해도 그 사실을 낱낱이 일러 바쳤습니다.

그럴 때마다 사도세자는 영조 임금에게 불려 가 꾸지람을 들었습니다.

그러다가 마침내는 사도세자에게 스스로 죽으라는 영조 임금의 명령이 내려졌습니다. 정순왕후와 그녀의 아버지가 사도세자가 잘못한 일 열 가지를 적어 영조 임금께 바치도록 했기 때문입니다.

"세자는 스스로 죽지 못하겠거든 뒤주 속으로 들어가 잘못한 일을 빌어라."

뒤주 속에 갇힌 세자를 두고 조정 대신들은 두 패로 갈리어 싸웠습니다.

세자를 편드는 시파와 세자를 헐뜯는 벽파의 싸움은 오래 가지 않았습니다. 세자가 뒤주에 갇힌 지 8일 만에 세상을 떠났기 때문입니다.

영조 임금은 당파 싸움을 없애기 위하여 여러 가지 노력을 했습니다. 그러나 시파와 벽파의 싸움에 휘말려 아들까지 죽인 셈입니다.

뒤에 영조 임금은 자신의 잘못을 크게 뉘우치고 아들의 죽음을 애도한다는 뜻으로 '사도세자'로 부르게 했습니다.

영조는 어지러운 당파싸움을 슬기롭게 헤쳐 나갔습니다.

비록 세자가 죽게 되는 어려운 일을 겪었지만, 조선을 새롭게 일으켜 세우는 바탕을 마련했습니다.

51년 7개월이나 임금자리에 있었던 영조는 조선의 임금 가운데 가장 오랫동안 임금으로 있었고, 또 83세까지 살아 가장 장수한 임금으로 기록되었습니다.

영조 임금이 세상을 떠난 때는 1776년이었습니다.

제22대 정조

하나 가족은 수원성을 둘러보기로 했습니다.

수원성은 정조가 그의 아버지 사도세자를 기리며 세운 성입니다. 부모를 생각하는 마음이 남달랐던 정조는 억울하게 죽은 사도세자가 임금의 가족답게 좋은 곳에서 편히 잠들기를 바라며 수원성을 세웠습니다.

정조는 사도세자의 아들로 8세에 세손이 되었습니다. 그리고 영조가 죽자, 임금자리에 오르게 되었습니다. 때는 1776년이었습니다.

"손자가 임금자리를 물려받았군요."

아빠가 정조 임금에 대해 얘기를 시작하자 엄마가 말했습니다.

"영조 임금은 아들이 둘뿐이었거든. 맏아들인 효장세자는 일찍 죽어 자식이 없었고, 사도세자마저 뒤주에 갇혀 죽었기 때문에 사도세자의 아들이 왕손이 된 것이지."

"뒤주 속에서 죽은 사도세자가 정말 불쌍해요."

하나는 시무룩한 표정으로 말했습니다.

"사도세자가 억울하게 죽은 것처럼 정조 임금도 세손으로 있을 때 죽임을 당할까 봐 늘 불안했단다."

"누군가 자기 목숨을 노리고 있다고 생각하면 너무 괴로울 거예요."

"그래서 정조 임금은 임금이 되기 전까지는 자신의 속마음을 조금도 드러내지 않았단다. 죽은 듯이 날마다 책읽기에만 열중했지. 아무것도 모르는 것처럼 말야."

"사람들의 관심이 자기에게 쏠리지 않도록 하기 위해서였군요."

"그렇지. 사도세자도 신하들의 권력 싸움에 휘말려 목숨을 잃은 것이 아니겠니? 신하들은 서로 권력을 잡으려고 무슨 일이든 서슴지 않고 저질렀단다. 여간 몸조심을 하지 않고서는 살아남을 수 없다는 걸 정조 임금은 잘 알고 있었던 거지."

"그럼 정조 임금이 임금자리에 앉은 후에는 달라졌어요?"

"물론이지. 정조 임금은 억울하게 죽은 아버지를 잊은 적이 없었단다. 제일 먼저 사도세자를 죽게 한 신하들을 몰아냈지. 그리고 사도세자의 무덤을 수원으로 옮기고 성을 세웠단다. 어느 왕릉보다 훌륭하게 만들려고 많은 정성을 들였단다. 조선의 수도가 어디라고 했지?"

"한양이에요."

"그래. 그래서 정조 임금은 수원을 작은 수도로 부르게 했단다. 그리고 그만큼 사도세자가 묻혀 있는 무덤을 자주 드나들었단다. 자, 수원성에 대해서 좀더 자세히 알아보자."

수원성은 팔달문, 장안문, 화서문, 창룡문의 4대문으로 드나들게 되어 있습니다. 4대문 가운데 팔달문이 으뜸이며 그 위에 올라서면 수원시가 한눈에 들어옵니다. 보통 성은 적을 막으려고 세우는 것입니다.

그뿐 아니라 수원성은 성안에서 백성들이 편안히 살 수 있도록 세웠다는 점에서 다른 성과 다릅니다.

수원의 산과 들, 강의 모양을 자세히 살펴 마을의 아름다움이 자연스럽게 살아나도록 지었습니다.

그 무렵 동양과 서양의 여러 성들에서 좋은 점만을 살려 지은 수원성은 세계적으로도 찾아보기 드문 성입니다.

"아, 그래서 유네스코가 수원성을 세계 문화

유산으로 정했군요."

"하늘이도 알고 있었구나. 그래 하늘이 말대로 길이 남을 수원성을 귀중한 문화 유산으로 보호하자고 세계가 약속한 거란다."

"정조 임금의 효심이 얼마나 컸으면……."

엄마는 수원성을 올려다보며 나지막이 말씀하셨습니다.

"자, 이제는 정조 임금이 나라를 어떻게 다스렸는지 알아볼까?"

조선 시대가 끝나 가는 즈음, 사회는 점점 신분 제도가 무너져 내렸습니다.

정조는 규장각을 만들어 새 학문을 하는 학자들을 많이 키워냈습니다.

그들과 함께 새로운 시대를 열어 가고자 애썼습니다. 여러 학문을 두루 공부한 정조는 새로운 문명을 받아들여 백성들이 잘 살 수 있기를 바랐습니다.

그 결과 정조 때에는 양반뿐 아니라 신분이 낮은 백성들까지도 문화를 사랑하고 즐기게 되었습니다.

정조는 세종, 성종과 함께 조선 시대를 가장 훌륭하고 평화롭게 이끈 위대한 임금이었습니다.

규장각

정조가 왕위에 오르자 모든 것이 달라지기 시작했습니다. 신하들은 깜짝 놀라지 않을 수 없었습니다. 왕손이긴 해도 책 속에 묻혀 살 뿐 아무것도 모르는 줄 알았던 것입니다.

정조는 어린 시절 왕손의 티를 내지 않고 마음 속에만 차곡차곡 담아 두었던 일을 시작했습니다.

먼저 아버지 사도세자를 죽게 한 신하들을 몰아냈습니다. 권력 싸움에 눈이 어두웠던 신하들을 내쫓고 새로운 신하들을 많이 불러들였습니다.

"정조 임금 곁에는 홍국영이라는 신하가 있었지. 세손 때에 여러 번 죽을 고비에서 정조 임금을 구해 주었단다. 그 때 정조 임금은 마음 속으로 다짐했지."

"어떻게요?"

"자기 목숨을 구해 주었으니 임금이 되면 높은 벼슬을 내리겠다고 말야. 아무튼 홍국영은 정조 임금이 제일 믿는 신하가 되었지. 나라 일을 거의 홍국영에게 맡겼단다."

"정조 임금은 뭘 하고요?"

"정조 임금은 다른 계획이 있었던 거지."

"무슨 일인데요?"

"규장각을 만들어 젊고 똑똑한 신하들을 키워 나갔단다."

"규장각요?"

규장각은 창덕궁 뒤뜰 경치 좋은 곳에 있습니다.

정조는 규장각에 많은 책을 모으고 또 책을 손수 펴 내기도 했습니다.

말하자면 왕실 도서관이었습니다. 그러나 정조는 규장각을 도서관으로만 쓰려고 만든 것이 아니었습니다.

정조는 규장각에서 임금의 힘을 키우는 일을 했습니다. 그 때만 해도 아무리 학문을 많이 닦고 아는 것이 많아도 집안이 좋지 않으면 벼슬을 할 수 없었습니다.

정조는 규장각 신하를 뽑을 때, 그런 것을 없앴습니다. 집안이 보잘것없고 권력이 없더라도 책을 많이 읽고, 그에 따라 일을 잘 할 수 있다고 생각되는 사람들을 규장각에 모았습니다.

규장각의 신하는 새 학문을 연구하는 일은 물론 모든 일을 임금과 직접 얘기를 나누었습니다.

그리고 임금이 직접 규장각 신하들을 가르쳤습니다. 시험도 치르고 상벌도 내렸습니다.

규장각에서의 공부가 얼마나 힘들었는지 신하들은 쩔쩔맸습니다.

"외, 정조 임금이 직접 신하들을 가르쳤어요?"

"그래. 워낙 학문이 깊은 분이셨지. 아까도 얘기했듯이 세손 때 불안한 마음을 책 읽는 걸로 이겨냈던 분이셨으니까."

"그럼 나라 일은 홍국영이라는 신하가 맡고, 정조 임금은 규장각에서 학문 연구만 했나요?"

"처음에는 그랬지. 정조 임금이 규장각에서

신하들을 키워 낼 동안은 말야. 그런데 홍국영이라는 사람은 겸손하지 못한 사람이었단다. 임금이 자기를 믿는다고 뽐내면서 여러 가지 나쁜 일을 저질렀지. 결국 모든 재산을 빼앗기고 벼슬자리에서 내쫓겼단다."

　규장각에서 학문을 닦고 나라를 다스리는 법을 배운 신하들은 새바람을 불러 일으켰습니다. 정조는 그 신하들을 마을 곳곳에 암행어사로 내려보냈습니다.
　마을 관리들이 제대로 일을 잘 하는지 알아보기 위해서였습니다.
　또 백성들이 무엇을 원하는지 자세히 들어보게 했습니다.
　꽹과리나 징을 쳐서 임금에게 억울한 일을 말할 수 있도록 하는 제도도 만들었습니다.

　"규장각에서 펴낸 책들 중에 〈일성록〉이라는 게 있는데, 임금이 쓴 일기책이지."
　"임금님도 일기를 썼어요?"

"정조 임금은 세손 때에도 일기를 썼었는데 임금이 되고 나서도 계속해서 그 습관을 버리지 않았지."

"임금님은 일기장에 어떤 걸 썼을까요?"

"처음 몇 년은 임금이 혼자 쓴 일기였다가 나중에는 규장각 신하들에게 그날그날 임금이 한 일과 하루 동안 나라 일을 본 걸 빠짐없이 적어 놓도록 했단다."

〈일성록〉에는 백성을 아끼고 잘 보살피라는 말이 많이 나온다고 합니다.

정조는 규장각에서 좋은 신하를 키워 내고, 백성들이 살기 좋은 나라를 만들려고 모든 힘을 바쳐 일했습니다.

새 시대를 이끈 신하들

정조 임금이 새롭게 나라를 이끌어 가고 싶어했듯이 그 곁에는 새 학문에 귀를 기울이고 새로운 시대를 열어 보려는 신하들도 많았습니다.

새 학문은 어떻게 하면 사람들이 보다 편리한 생활을 할 수 있을까 하는 것을 연구하는 것입니다.

학문을 연구하는 것으로 끝나는 게 아니라 생활에 쓰일 수 있는 편리한 기구도 만들었습니다.

체면보다는 우리 생활에 보탬이 되는 일을 더 중요하게 여겼습니다. 그래서 기술을 발전시켜 생활을 편리하게 하는 데 관심을 쏟았습니다. 이러한 학문을 '실학'이라고 합니다.

실학자 가운데 대표적인 사람으로 박지원, 정약용이 있습니다.

박지원은 학자를 많이 배출하고 높은 벼슬을 지낸

집안의 선비였습니다.

박지원은 부모를 일찍 여의고 할아버지 손에서 자랐습니다.

할아버지는 권력 싸움을 싫어해 일찌감치 벼슬자리에서 물러나 어렵게 살았습니다. 박지원도 과거 시험은 한 번만 치르고 거의 평생 책과 벗하며 글쓰는 일에만 매달렸습니다. 50세가 되어서야 비로소 벼슬길에 나아가게 되었습니다.

그가 쓴 글 중에 청나라 열하를 다녀와서 쓴 〈열하일기〉가 있습니다.

〈열하일기〉에는 새로운 문명을 받아들여야 잘 살 수 있다는 내용과 함께 〈허생전〉, 〈양반전〉 등 시대를 빗대어 이야기하는 소설을 써서 새 세상을 만들어 가자는 뜻을 담았습니다.

그의 그러한 뜻은 그 때로서는 앞선 생각이었기 때문에 많은 사람들이 그 책은 읽어서는 안 될 책으로 여기기도 했습니다.

정약용은 조선 시대의 가장 뛰어난 학자입니다. 그는 어렸을 적에 외할아버지 집에서 살다시피 했습니다. 외할아버지 집에 많은 책이 있었기 때문에 그 책들을 보려는 것이었습니다.

정약용은 정조가 가장 아끼는 신하였습니다.

정조는 규장각 신하들에게 어려운 숙제를 많이 내주었는데 그 때마다 정약용은 거뜬히 해냈습니다.

그렇지만 정조는 그를 여섯 번이나 과거 시험에서 떨어뜨렸습니다. 신하들의 권력 싸움에 휘말리지 않도록 일부러 그랬던 것입니다.

누구보다도 많은 학문을 익혔던 정약용은 서양 학문에도 관심이 많았습니다. 수원성을 어떻게 쌓을지 그 방법을 고안해 내고, 무거운 물건을 들어올릴 수 있는 '거중기'를 발명하기도 했습니다.

한강 물에 몇 십 척의 배를 띄워 배다리를 놓기도 했습니다. 정조는 이 배다리를 건너 수원성을 찾곤 했습니다.

더 큰 업적도 있었습니다. 천연두를 발견한 일입니다. 그는 천연두를 앓아 자식을 잃게 된 뒤 천연두를 미리 막는 것을 알아내 〈마과회통〉이라는 책을 펴냈습니다.

그의 친형인 정약전 역시 학문을 좋아해 친하게 지

냈습니다.

그는 형의 친구이며 우리 나라에서 처음 천주교 세례를 받은 이승훈을 알게 됩니다.

정약용은 이승훈과 사귀며 서양 학문을 배우면서 천주교를 믿게 되었습니다.

나중에 그 일로 귀양살이를 하게 됩니다.

유교를 받들던 조선 시대에는 천주교를 믿는 사람은 벌을 주었습니다. 하지만 천주교도 서양 학문이라고 생각한 정조는 그렇게 큰 벌을 내리진 않았습니다.

그러나 순조 때에 들어서면서 천주교를 믿는 사람에게 아주 큰 벌을 내렸습니다. 그래서 많은 사람들이 죽었습니다. 그 일을 '신유사옥'이라고 합니다.

그 때 정약용도 모든 벼슬자리를 내놓고 강진으로 귀양살이를 가게 되었습니다.

감옥이나 다름없는 낯선 땅에서 그는 '다산초당'이라고 집 이름을 짓고 그 곳에서 18년 동안 무려 5백 권이 넘는 책을 써냈습니다.

이 가운데 나라 일을 보던 경험을 살려 쓴 〈목민심서〉가 가장 으뜸으로 꼽힙니다. '목민심서'는 백성을 잘 다스리는 책이라는 뜻입니다.

제23대 순조

정조 임금의 뒤를 이어 열한 살의 어린 나이로 순조가 임금이 되었습니다.

때는 1800년이었습니다. 정조의 첫째아들은 일찍 죽었으며 순조는 다른 왕비에게서 태어난 둘째아들이었습니다.

순조는 임금이 되었지만 나이가 어려 증조 할머니 정순왕후가 임금을 대신해 나라 일을 보았습니다.

그러자 정조 때 벼슬자리에서 물러나 있던 신하들이 다시 몰려들었습니다. 그들 세력의 한가운데 정순왕후의 오빠 김귀주가 있었기 때문입니다.

정순왕후는 김귀주가 권력을 거머쥘 수 있도록 나라 일을 빠르게 바꿔 나갔습니다.

"정순왕후는 제일 먼저 천주교를 믿는 사람을 잡아들였단다."

"왜요?"

"두 가지 까닭에서였지. 하나는 임금의 힘을 튼튼하게 다지기 위해서였고, 다른 하나는 권력에 반대하는 신하들을 내쫓기 위해서였단다."

"그게 천주교와 무슨 관계가 있는데요?"

하늘이가 물었습니다.

"조선이 유교를 받드는 나라라는 건 하늘이도 잘 알지?"

"네."

"그런데 천주교는 모든 사람이 다 똑같다는 생각을 심어 주기 때문에 유교에서 내세우는 질서가 무너지게 되는 거란다."

"임금과 신하, 부모와 자식, 노인과 아이, 이런 위아래 질서 말이죠?"

"그렇지. 정순왕후는 유교를 얕보는 천주교를 그냥 내버려둘 수 없다고 생각했단다. 그리고 천주교를 믿는 사람 가운데는 정조 임금 때 벼슬에 올라 있던 신하들이 많았기 때문에 그들을 몰아내기에 좋다고 생각한 거지."

"정조 임금이 애써 키운 신하들이 다 쫓겨났겠네요?"

"이승훈, 이가환, 정약용 형제 등이 그 때 잡혀 죽임을 당하거나 귀양을 갔단다. 이 일을 '신유사옥'이라고 하는데 그 때 잡아들인 사람만 해도 2백 명이 넘었단다."

"참, 안타까운 일이에요. 임금이 바뀔 때마다 신하들의 권력 싸움이 너무 심한 것 같아요."

하나는 울상이 되어 말했습니다.

순조는 정순왕후를 둘러싼 경주 김씨와 왕비의 아

버지를 중심으로 한 안동 김씨에 둘러싸여 임금으로서 힘을 잃어 그다지 많은 일을 하지 못했습니다.

순조 시대에는 신하들의 권력 싸움이 없었지만 반대로 권력이 한쪽으로만 몰려 특정한 집안이 나라를 다스리는 결과를 가져왔습니다.

34년 동안 임금의 자리를 지킨 순조는 학문을 좋아해 개인적인 글을 써 놓은 〈순재고〉를 남겼습니다.

한 명뿐인 아들 효명세자가 죽자 손자에게 왕위를 물려주고 45세의 나이로 세상을 떠났습니다.

나라를 마음대로 움직인 안동 김씨

'신유사옥'으로 권력이 정순왕후의 오빠 김귀주 손에 들어가게 되었습니다.

정순왕후가 죽고 난 후로는 순조의 장인인 김조순이 권력을 모두 잡았습니다.

그 때부터 안동 김씨들이 나라의 중요한 벼슬자리를 차지하기 시작했습니다.

"나라는 온통 안동 김씨 판이 되어 갔단다. 벼슬을 하려면 안동 김씨를 거쳐야 할 만큼 나라가 그들 마음대로 움직이게 되었지."

"반대파가 없어서 자기들 마음대로 휘두르기가 좋았겠어요."

권력을 잡은 안동 김씨들은 자신들의 이익을 챙기기에 바빴습니다.

안동 김씨들은 돈을 받고 벼슬을 팔았습니다. 그래서 벼슬을 하고 싶은 사람은 돈을 싸 들고 안동 김씨를 찾아다녀야 할 정도였습니다.

"과거 시험을 치러야 벼슬을 할 수 있잖아요?"

"과거 시험은 있으나마나였지. 돈만 주면 벼슬을 살 수 있었으니, 애써 공부해서 시험을 치러도 떨어지기만 했단다."

"서로 권력을 쥐려고 싸움만 일삼는 것도 나쁘지만 한쪽에만 권력이 몰려 있는 것도 아주

위험한 일이네요."

"그래. 하늘이가 아주 잘 생각했다. 나라가 그렇게 어지러워서 그런지 순조 임금 때에는 하늘도 벌을 내린 듯했단다."

홍경래의 반란

순조가 임금에 오른 후로 이상하게 흉년이 계속되었습니다.

가뭄이 몇 년 동안 계속되는가 하면, 몇 년은 홍수가 나서 논밭이 물에 잠겼습니다.

가을이 되어도 거둬들일 곡식이 거의 없었습니다.

백성들은 점점 살기가 힘들어졌습니다. 벼슬아치들은 백성들에게 여러 가지 책임을 씌워 곡식이나 옷감 등 물건을 바치게 했습니다.

전염병마저 돌아 수많은 사람들이 목숨을 잃었습니다. 나라는 뒤숭숭해서 불안하기 짝이 없었습니다.

굶주림과 가난에 허덕이던 백성들은 나라에 대한 불만이 가득 찼습니다.

그 무렵 홍경래라는 사람이 참다못해 들고일어났습니다.

그는 평안도 사람으로 과거 시험에서 여러 번 떨어졌습니다. 그가 과거 시험에 계속 떨어지는 것은 실력이 없어서가 아니고, 평안도 사람이기 때문이라고 생각했습니다.

안동 김씨들이 나라를 제멋대로 휘두르기 때문이라고 여겼습니다.

"우리가 평안도 사람이라고 푸대접을 받고 있습니다. 이대로 가만히 있어서는 안 됩니다. 자, 나를 따라 싸웁시다!"

나라에 대한 불만을 품은 사람들이 홍경래 곁으로 모여들었습니다.

홍경래는 나라의 군대(관군)와 싸워 이긴 후에 곡식

창고를 열어 가난한 백성들에게 나누어주었습니다.

"굶어 죽으나 싸워 죽으나 죽기는 마찬가지 아니겠소? 우리도 평안도로 갑시다!"

"맞소. 그 곳에 가면 밥은 먹여 준답니다."

굶주린 사람들, 벼슬자리를 잃고 떠도는 사람들, 새 세상을 꿈꾸는 사람들…… 많은 사람들이 홍경래를 믿고 따르게 되었습니다.

홍경래가 일으킨 반란군은 승리를 거듭했습니다.

그러나 점차 기운을 되찾은 관군에게 몰리기 시작했습니다.

관군에게 쫓긴 반란군은 정주성에 외따로 갇히는 신세가 되었습니다.

관군은 성밑으로 굴을 파서 화약을 터뜨렸습니다.

반란을 일으킨 지 넉 달 만에 앞에 나섰던 홍경래가 죽고 관군의 승리로 반란은 끝이 났습니다.

비록 성공은 못했지만 홍경래의 반란은 힘없는 백성들을 일깨우는 기회가 되었습니다.

홍경래 난이 끝나고 나서도 여기저기서 힘없고 가난한 사람들이 뭉쳐 나라에 대한 불만을 터뜨린 것입니다. 이는 조선에 큰 아픔을 안겨 주었습니다.

천주교를 억누름

천주교는 주로 벼슬자리 밖에 있던 사람들과 가난한 사람들 사이에서 조심스럽게 퍼져 나갔습니다.

정조 시대의 끝 무렵에는 천주교를 믿는 사람이 1만 명이 넘게 되었습니다.

이렇게 점점 천주교가 크게 뻗어 나가자 양반들은 두려움을 느꼈습니다. 천주교를 믿는 사람들이 뭉치면 양반 자리가 위태로워지기 때문입니다.

그것은 왕실에서도 마찬가지였습니다.

'천주교는 유교를 받드는 조선 사람이 믿을 게 못된다. 그런 나쁜 학문을 믿는 백성들이 점점 늘어나는 일이 여간 걱정되는 것이 아니다. 사람 사는 일을 지킬 줄 모르는 천주교에 백성들이 빠져들게 놔둘 수는 없다. 천주교를 핑계로 착한 백성들을 꼬드기는 무리들을 모두 잡아들이도록 하라.'

정순왕후는 명령을 내렸습니다. 나라 안 곳곳에 이 글을 보내고 천주교를 믿는 사람들을 잡아들이도록 했습니다.

마을의 다섯 집 중에 어느 한 집이 천주교를 믿고 있는데 그 사실을 나라에 알리지 않으면 나머지 네 집도 잡아들였습니다.

이렇게 잡혀간 사람들은 무참하게 죽어 갔습니다. 그 가운데 아무 죄도 없이 끌려와 죽은 사람도 꽤 많았습니다.

왕실에도 천주교를 믿는 사람이 있었는데 정순왕후는 이들에게도 모두 사약을 내렸습니다.

순조가 손수 나라 일을 보게 되었을 때도 이 일은 계속되었습니다.

천주교를 믿는 사람들은 죽음 앞에서 의젓했습니다. 죽는 순간까지 천주교를 버리지 않았습니다. 오히려 그들은 자신들이 죽음으로써 천주교가 널리 퍼져 나갈 것을 믿으며 자랑스럽게 죽었습니다.

추사 김정희

김정희는 붓글씨를 잘 쓰기로 유명합니다. 그의 집안은 경주 김씨로 정순왕후와 같은 김씨입니다. 그러나 아버지가 반대파여서 정순왕후와는 그다지 사이가 좋지 않았습니다.

　김정희는 규장각 신하인 박제가를 만나 청나라에 다녀온 얘기를 들은 탓에 그 곳에 대해 호기심이 많았습니다. 마침내 20세 때 아버지를 따라 청나라에 가게 되었습니다.

　청년 김정희는 청나라에 가서 자기 세계가 너무 좁다는 것을 깨우치게 되었습니다.

　그리고 굳게 결심했습니다.

　'이 세상의 누구도 따를 수 없는 나만의 글씨체를 써 보리라.'

　그리하여 김정희는 '추사체'라는 자신만의 독특한 글씨체를 남겼습니다.

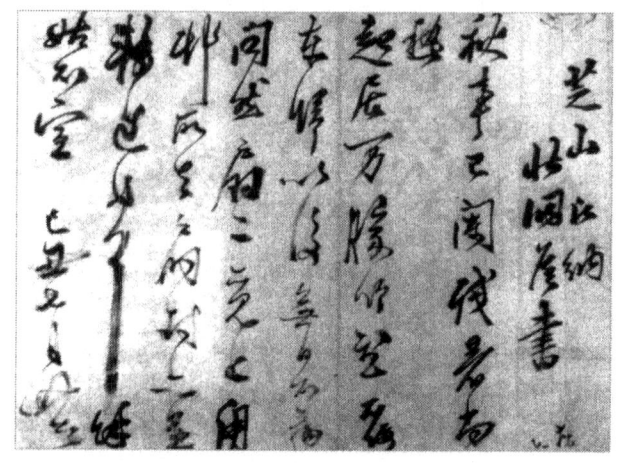

추사 김정희의 글씨체

제24대 헌종

　새남터는 서울 용산의 한강 가에 있습니다. 그 곳에는 천주교 교회가 세워져 있습니다.
　"아빠, 왜 여기에 온 거예요?"
　신기하게도 천주교 교회의 지붕은 기와로 엮어져 있었습니다.
　"사실대로 말하면 아빠도 여긴 오기 싫었단다."
　"왜요?"

"오래 전부터 이 곳은 큰 죄를 지은 사람들을 죽이던 곳이었어. 그러니까 너희들한테 보여주기가 싫었던 거야."

아빠의 말소리가 교회당 안에 조용히 울려 퍼졌습니다.

"오늘은 헌종 임금에 대해 얘기한다고 하셨잖아요."

하나는 여전히 어리둥절해서 교회당을 둘러보았습니다.

"순조 임금 때 많은 천주교인들이 잡혀 죽은 걸 너도 알고 있지? 그것은 순조의 뒤를 이은 헌종 때도 마찬가지였어."

"예……."

하늘이와 하나는 가만히 고개를 끄덕입니다.

"헌종 때 우리 나라의 첫 번째 신부였던 김대건이라는 사람이 바로 여기서 죽임을 당했단다."

"첫 번째 신부였던 김대건이라는 분 말이죠?"

하늘이가 놀란 표정을 지었습니다.

"그렇단다. 기독교의 목사님이나 불교의 스님 같은 분을 천주교에서는 신부님이라고 부르는데, 김대건은 우리 나라 사람으로는 첫 번째로 신부가 된 사람이란다."

"그런데 죽임을 당하다니 너무해요."

"참으로 어지러운 때였어."

헌종은 순조의 손자였습니다.

순조의 외아들인 효명세자가 일찍 죽어서 임금자리를 이을 다른 아들이 없었기 때문에 효명세자의 아들에게로 건너뛴 것입니다.

순조의 뒤를 이은 헌종이 임금이 되었을 때의 나이는 겨우 여덟 살이었습니다. 때는 1834년이었습니다.

헌종은 너무 어려서 순조의 왕비인 순원왕후가 수렴청정을 했습니다. 영조, 정조, 순조로 이어지며 나라 안팎에서 몰아치던 큰 소용돌이들이 계속되고 있었습니다.

이런 소용돌이들은 백성들이 살아가는 기틀을 온통

뒤흔들어 놓기에 충분했습니다. 평생 농사만 짓던 사람들이 도시로 흘러들어 일꾼이 되거나 거지꼴로 헤매 다녔습니다.

그런가 하면 농사꾼과 장사꾼 중에서 큰부자가 생겨나면서 본래 낮은 지위에 있던 사람들이 지위를 높이려는 다툼도 함께 일어났습니다.

이런 움직임들은 지금까지의 조선 왕조를 떠받쳐 왔던 본바탕을 무너뜨리려는 조짐으로 나타났습니다.

거듭되는 물난리와 전염병이 나라를 휩쓸었습니다. 살기가 어려워진 사람들은 거리를 떠돌아다녔습니다.

순조 때부터 천주교를 억누르던 일도 계속되고 있었습니다. 그리하여 조선에 들어와서 천주교를 퍼던 앙베르, 샤스탕, 모방 등 프랑스 신부들이 죽임을 당했습니다. 아울러 헌종은 '천주교를 믿으면 안 된다'는 말을 백성들에게 크게 알렸습니다.

"세상이 어지러워지자 날뛰는 무리들도 많아졌지."

"그 무리들은 누구예요?"

하늘이가 아빠를 쳐다보며 물었습니다.

"아무 힘도 없으면서 임금을 갈아치우겠다고 나선 사람들이지. 이런 일은 두 번이나 있었단다."

"어떻게 그런 일이 일어났어요?"

"벼슬길이 막혀 충청도에 내려가 있던 남응준과 그 패거리들은 정조 임금의 아우인 은언군의 손자를 임금으로 모시고 청주성을 무너뜨릴 계획을 세웠어. 그러나 한 낮은 벼슬아치가 일러바치는 바람에 잡혀 죽고 말았단다."

"그리고 또 한 번은요?"

"역시 은언군의 손자를 임금으로 모시겠다며 민진용이라는 사람이 움직였지. 그는 병든 사람들을 잘 고친다고 해서 용한 의원이라는 소리를 들었던 사람이었어. 그도 곧 잡혀 죽었지. 그러는 통에 은언군의 손자에게도 애꿎게 죽음이 내려졌단다."

"왜 그렇게 어리석었을까요?"

하늘이는 못마땅한 표정을 짓습니다.

"그런 사람들이 날뛴 것은 그만큼 임금자리가 우습게 보였다는 말도 되는 거란다. 이렇게 나라가 어지러운데 엎친 데 덮친 격으로 나라 밖에서는 어려운 일들이 밀려오고 있었어."

"나라 밖으로부터라니요?"

"영국의 군함이 몰래 제주도와 서해 바닷가 언저리를 살펴보고 간 거야. 그리고 이어 프랑스 군함도 들어왔단다."

"서양의 군함들도요?"

하늘이는 놀라서 눈이 휘둥그래졌습니다.

조선에 들어온 프랑스의 군함은 세 척이나 되었습니다.

배는 충청도의 외연도에 닻을 내리고, 헌종에게 편지를 보냈습니다. 프랑스의 신부들을 비롯한 천주교 신자들을 죽인 데 대해 거세게 따지는 편지였습니다.

김대건의 죽음

김대건은 프랑스 신부인 모방에게서 천주교를 배웠습니다.

교인이 된 그는 중국을 거쳐 마카오로 갔습니다.

그 곳에서 조선에 천주교를 퍼뜨리려는 프랑스 신부로부터 서양의 학문과 여러 외국어를 배웠습니다.

공부를 마친 그는 몇 번이나 조선에 몰래 들어오려고 했지만 뜻을 이루지 못했습니다.

천주교를 믿으면 안 된다는 헌종 임금의 명령을 지키느라 많은 군사들이 물샐 틈 없이 지키고 있었기 때문이었습니다.

그러다가 겨우 조선에 들어온 그는 천주교를 널리 펴는 데 온힘을 기울였습니다. 그러다 프랑스의 도움을 받기 위해 쪽배를 타고 중국으로 건너갔습니다. 그가 신부가 된 것은 이 때였습니다.

프랑스 신부들과 다시 조선으로 숨어 들어온 그는 여러 곳을 돌아다니며 천주교를 퍼뜨렸습니다.

그리고 프랑스 신부들과 서로 오가는 비밀 뱃길을 알아보려고 서해의 섬을 돌아보다가 붙잡혀 죽었습니다. 이 때 그의 나이는 25세였습니다.

　우리 나라 첫 번째 신부였던 그는 죽은 뒤 우리 나라 첫 번째 성인으로 받들어졌습니다.

　천주교에서 성인이란 보통 사람으로서는 도저히 못할 놀라운 일을 한 거룩한 사람에게 바치는 호칭입니다.

"정말 거룩한 분이에요."

하늘이는 감격한 표정으로 말했습니다.

"저쪽 마포 대교의 한강 가에 있는 절두산에는 김대건 신부의 동상이 서 있지. 나중에 보러 가자. 아빠가 얼마 전에 마카오에 간 적이 있었지? 그 곳 공원에도 김대건 신부의 동상이 있더구나."

"그 곳에서 공부를 했기 때문에 동상이 세워졌군요."

"그만큼 위대한 업적을 남겼다는 뜻도 된단다."

안동 김씨와 풍양 조씨

어려서 임금이 된 헌종의 뒤에서 수렴청정을 한 순원왕후는 성씨가 안동 김씨였습니다. 그래서 순조 때부터 큰 힘을 가지고 나라 일을 손에 거머쥐고 있던 안동 김씨는 헌종 때도 계속 권세를 누렸습니다.

그러나 헌종이 나이가 들어 순원왕후의 수렴청정이 끝나자, 안동 김씨의 힘도 약해졌습니다. 그리고 풍양 조씨가 머리를 들었습니다. 헌종의 어머니인 신정왕후가 풍양 조씨였던 것입니다.

신정왕후의 아버지인 조만영은 헌종을 보호하는 벼슬을 맡았습니다. 그리고 그 일가붙이들을 중요한 자리에 앉혔습니다. 그로부터 풍양 조씨들은 크게 일어나게 되고 안동 김씨의 세력은 점차 줄어들게 되었습니다.

그러나 몇 년 지나지 않아 풍양 조씨도 무너지기 시작했습니다. 그들 집안 사람들끼리의 다툼도 있었고, 우두머리인 조민영이 죽은 탓이기도 했습니다.

나라 일은 다시 안동 김씨에게로 넘어갔습니다.

한때 권세를 누렸던 풍양 조씨는 나라 일은 뒷전이었고 안동 김씨를 누르는 일에만 바빴습니다. 백성들의 살림살이와 어지러운 나라 안팎의 문제들은 알려고도 하지 않았습니다. 당연히 나라꼴은 엉망이 되어 갔습니다.

떠돌이 백성들은 늘어만 가는데, 벼슬아치들은 저마다 제 이익을 챙기느라 나라 살림은 날로 기울어져 갔습니다.

그런 어지러움을 틈 타 서양의 배들은 우리 나라 모든 바다를 헤집고 다녔습니다. 선량한 백성들은 그 모습을 보고 더 불안에 떨 수밖에 없었습니다.

서양의 여러 나라들은 조선이 문을 열고 자기 나라와 왕래를 할 수 있기를 바랐습니다. 하지만 조선은 나라 밖 세상일이 어떻게 돌아가는지, 아무것도 모르고 있었습니다.

조정에서는 충청도의 외연도에 군함을 보내 윽박지르고 간 프랑스에 편지를 보냈습니다. 이것이 우리 나라가 서양에 보낸 첫 외교 문서였습니다.

그러나 조선은 서양 배들이 나타나 윽박지르는 데도 별다른 맞대응을 할 수 없었습니다. 여전히 안동 김씨와 풍양 조씨의 힘 겨루기로 나라는 어려울 뿐이었습니다.

"헌종은 수렴청정 아래서 임금으로 있은 6년 동안을 빼면 9년밖에 임금 노릇을 못하고 세상을 떠났어. 그리고 그 9년 동안도 두 집안의 힘

겨루기에 시달려야 했지."

"헌종은 임금자리에 오래 있지도 못했군요."

하늘이가 말했습니다.

"그래. 헌종은 스물세 살에 세상을 떠났단다."

"너무 빨리 세상을 떠났어요."

"그런데 문제는 뒤를 이을 왕자가 없었다는 거야."

"그래서 어떻게 되었어요?"

하나가 끼여들었습니다.

"하나야, 너 강화도령이라는 말을 들어봤니?"

아빠의 얼굴에 오랜만에 웃음이 어렸습니다.

"아뇨."

"헌종의 뒤를 잇게 되는 임금이 바로 강화도령이란다. 다음에는 강화도령인 철종 임금에 대해 알아보기 위해 강화도로 가 볼까?"

"네, 좋아요."

하나는 아빠의 손을 잡고 천주교 교회를 나섰습니다.

제25대 철종

　강화도는 자동차를 타고 서울에서 한 시간 거리에 있는 서해안의 섬입니다. 예로부터 많은 사람들이 귀양을 온 곳으로도 잘 알려져 있습니다.

　하나도 아빠에게 조선 왕조에 대해 줄곧 이야기를 들으면서 강화도를 알게 되었습니다.

　"아빠, 강화도령 얘기를 해 주세요. 헌종 임금에게는 왕자가 없었다면서 강화도령이 어떻게 다음 임금이 되었어요?"

하늘이가 고개를 갸우뚱하며 물었습니다.

"강화도령은 강화도에서 살았다고 해서 붙여진 이름이지. 헌종 임금에게 7촌 아저씨뻘이 되는 먼 친척이야."

강화도령

헌종이 왕자를 두지 못하고 세상을 떠나자 순조의 왕비인 순원왕후는 재빨리 손을 썼습니다.

안동 김씨로서 풍양 조씨들이 먼저 임금을 세울까 봐 걱정되었던 것입니다.

그러나 헌종에게는 6촌 안쪽의 친척이 없었습니다. 따져 보니 7촌 아저씨뻘인 원범이라는 청년이 강화도에 살고 있었습니다.

원범은 사도세자의 증손자이자 정조의 아우 은언군의 손자였습니다.

사도세자가 뒤주에 갇혀 죽고 그 아들인 정조가 왕세손이 되었을 때, 사도세자를 죽게 만든 신하들은 으

스스 떨었습니다.

효자인 정조가 아버지의 원수를 갚겠다는 날에는 그들의 목숨이 위태롭게 되기 때문이었습니다.

그들은 새 왕자를 내세우려고 일을 꾸몄습니다. 그러다가 일이 드러나 정조의 배 다른 형제 가운데 은전군은 스스로 목숨을 끊었습니다.

그리고 은언군은 강화도로 귀양 보내졌습니다. 그러나 은언군의 부인이 천주교를 믿다가 죽임을 당하고 은언군도 사약을 받고 죽었습니다.

은언군에게는 세 아들이 있었습니다.

그 가운데 두 아들은 죽거나 다른 집으로 가고 셋째 아들이 남아, 다시 아들 셋을 두었습니다. 헌종 임금 때 민진용이라는 의원이 그 첫째아들인 원경을 임금으로 세우겠다고 일을 꾸몄습니다. 그러다가 들통이 나서 원경은 죽게 됩니다.

나머지 두 아들은 강화도에 귀양 보내져 산에서 나무하고 밭을 일구면서 살아갔습니다. 원범 말고 다른 아들은 더 이상 기록에 남아 있지 않습니다.

사람들은 가난하게 살아가는 원범을 '강화도령'이라고 불렀습니다.

원범이 19세 되던 어느 날이었습니다. 깃발을 날리며 궁중의 사람들이 들이닥쳤습니다. 처음에 원범은 자기를 죽이러 온 줄 알고 마당에 그냥 주저앉아 있었습니다.

마을 사람들도 불쌍한 원범마저 죽게 되었다고 얼굴을 가렸습니다.

그런데 신하들의 움직임이 달랐습니다. 신하들은 머리를 조아리며 원범에게 말했습니다.

"새로운 임금님을 모시러 왔사옵니다!"

강화도령 원범은 어리둥절할 뿐이었습니다. 그리하여 가마를 타고 궁궐로 향하여, 철종이 되었습니다. 때는 1849년이었습니다.

"안동 김씨인 순원왕후는 서둘러 철종을 임금으로 세우고 역시 안동 김씨 처녀로 왕비를 삼았지. 그러니까 헌종 때에 풍양 조씨에게 돌아갔던 권력을 다시 잡은 거야."

"나라 일은 제쳐두고 집안 싸움만 했군요."

하늘이가 다시 얼굴을 찡그렸습니다.

어렵게 자란 철종은 가난을 알고 있는 임금이었습니다.

그래서 무엇보다도 가뭄이나 물난리 등으로 굶주리는 사람들을 돕는 일에 마음을 썼습니다.

그렇지만 워낙 배운 게 없는 데다가 안동 김씨의 힘에 밀려 모든 일이 마음먹은 대로 되지 않았습니다.

벼슬을 하려는 사람은 안동 김씨에게로 돈을 싸 들고 가야만 했습니다.

안동 김씨에게 돈을 주고 벼슬을 산 사람들은 그보다 많은 돈을 백성들에게서 우려냈습니다.

나라의 세금 제도는 엉망이 되었습니다. 어린이에게 어른처럼 세금을 매기고 죽은 사람에게도 세금을 매기는가 하면, 살림이 어려워 세금을 내지 못하면 그 친척이나 동네 사람에게 대신 매기기도 했습니다.

철종은 그런 나쁜 벼슬아치들을 잡아들여 다스리도록 했습니다. 그러나 워낙 뿌리깊게 번진 못된 일들은 고쳐지지 않았습니다.

철종 때에 안동 김씨는 나라 일을 그 어느 때보다도 마음대로 휘저었습니다.

백성들 일어나다

　백성들은 견딜 수가 없었습니다. 먼저 진주에서 일이 일어났습니다.
　그 곳의 높은 벼슬아치인 백낙신은 여러 가지 세금을 거두어들이는 데 악착같은 사람이었습니다. 사람들은 더 이상 백낙신의 행패를 보고 있을 수 없다며 주먹을 불끈 쥐었습니다.
　장날이 되어 장터에 모인 사람들은 머리에 흰 수건을 동여매고 외쳤습니다.
　"백성들을 긁어먹는 벼슬아치들을 모조리 몰아내자!"
　그리고 진주성으로 쳐들어갔습니다. 진주성은 불타오르고 못된 벼슬아치들은 잡혀 죽었습니다.
　그러자 나라 안 곳곳에서 백성들이 들고일어났습니다. 백성들은 벼슬아치들을 처치하고, 창고를 열어 곡식을 털어 가는가 하면, 벼슬아치들에게 붙어서 백성들을 괴롭히던 양반들의 집을 불태우고 재산을 빼앗았습니다.
　나라에서는 사람을 보내 백성들을 다독이고, 나쁜

벼슬아치들을 내몰았습니다. 그제야 성난 백성들은 수그러졌습니다.

그러나 가뭄과 물난리가 겹치자 백성들은 다시 벌 떼처럼 일어났습니다.

이런 일들이 한 해에 무려 37차례나 있었습니다.

"이렇게 철종 때는 세상이 뒤숭숭했단다."
아빠는 머리를 저었습니다.
"강화도령은 어렵게 임금자리에 있었군요."
하늘이가 거들었습니다.
"여러 곳에서 백성들이 목소리를 높이며 일어났고, 세상살이는 어지럽기 그지없었어. 백성들은 조마조마한 나날을 보내야만 했지. 그 가운데 백성들에게 희망을 주는 한 목소리가 있었단다."
"희망을 주는 목소리라뇨?"
하늘이는 눈을 크게 떴습니다.
"세상이 어지러울수록 백성들은 어디엔가 마음을 맡기고 기댈 만한 곳을 찾게 마련이지. 그래서 종교라는 게 생겨나는 거야."
"종교가 생겨났어요?"
"그래. 이제까지의 종교와는 아주 다른 종교가 생겨났지."
아빠는 힘주어 말했습니다.

"그게 어떤 거예요?"

하늘이는 아빠 옆에 바싹 붙어 앉았습니다.

새로운 종교, 동학

그 무렵에는 예전에 있었던 종교들은 힘을 잃고 있었습니다. 새로 퍼져 나가던 천주교도 짓눌림을 당해 움츠리고 있었습니다. 백성들은 믿고 기댈 만한 곳이 없었습니다.

그 때 경주에 최제우라는 사람이 있었습니다.

어려서 부모를 잃은 그는 생각이 깊고 공부하기를 좋아했습니다. 그는 세상이 왜 이렇게 어지러울까 하고 골똘히 생각에 빠졌습니다.

그리하여, 세상이 어지러운 것은 하늘의 뜻에 따르지 않기 때문이라는 깨달음을 얻었습니다.

그는 하늘의 뜻이 무엇인지 알기 위해 이름난 산이나 강을 찾아다니며 몸과 마음을 닦았습니다.

1860년이었습니다.

최제우는 우리 나라에 예로부터 전해져 내려오는 종교들에 바탕을 둔 새로운 종교 동학을 만들어 일으켰습니다.

동학이란 서양에서 온 종교나 학문을 서학이라고 하기 때문에 그에 맞서서 동쪽의 종교와 학문을 내세운 이름이었습니다.

동학은 '사람이 곧 하늘'이라는 뜻을 가장 받들었습니다. 사람은 그만큼 높고 귀하다는 뜻이었습니다.

동학에 따르면, 사람은 누구나 이제까지 억눌리고 짓밟혀 온 그런 사람이 아니라, 하늘과 같은 뜻으로 받들어야 하는 것이었습니다.

동학 아래서 사람들은 농사꾼이든 장사꾼이든 벼슬아치든 누구나 똑같은 사람이었습니다.

부자나 가난뱅이도 마찬가지였습니다. 모두들 똑같이 하늘을 받드는 사람일 뿐이며, 또한 하늘 같은 사람일 뿐이었습니다.

그것은 예전에는 감히 상상도 못할 생각이었습니다.

많은 사람들이 동학으로 몰려들었습니다.

동학이 갑자기 퍼져 나가자 나라에서는 몹시 당혹스러워했습니다. 그리고 세상을 홀리고 백성들을 꾄다는 죄목으로 최제우를 잡아들이라는 명령을 내렸습니다.

큰 생각을 폈던 최제우는 그가 아끼는 사람들과 함께 억울한 죽음을 맞이해야 했습니다.

그러나 최제우가 죽은 뒤에도 동학은 더욱 퍼져 갔습니다. 최제우의 뒤를 이어 제2대 교주가 된 최시형은 동학의 뜻을 한층 가다듬고 넓혀 나갔습니다.

그리하여 동학은 우리 나라에서 일어난 우리만의 종교로서 큰 힘을 떨치게 되었습니다.

"동학은 나중에 혁명을 일으킬 만큼 힘이 세어졌단다. 그렇지만 그건 다음 임금인 고종 때의 일이니까 그 때 살펴보도록 하자."

"혁명이 뭐예요?"

하늘이가 물었습니다.

"혁명이란 지금 사는 이 세상을 뒤엎고 새로운 세상을 만드는 거야. 참으로 어려운 일이지."

"어떻게 그럴 수 있어요?"

"그러니까 혁명이란 굉장한 거야."

"철종 임금 때는 동학이 일어난 것만 해도 굉

장한 일이었겠군요."

하늘이는 혁명 이야기를 빨리 듣고 싶었습니다.

"그렇지. 철종은 안동 김씨의 힘에 밀려서 뜻을 제대로 펼 수가 없었어. 그래서 나중에는 술 마시고 궁녀들과 어울려 노는 게 일이었지. 그러니 건강이 날로 나빠졌어. 그러다가 뒤를 이을 왕자도 없이 세상을 떠나고 말았단다."

"먼저 임금인 헌종도 그랬는데 또 왕자가 없어요?"

"그렇단다."

아빠는 머리를 끄덕였습니다.

"강화도령이 안됐어요."

"그래. 다음에는 철종의 뒤를 이은 고종이 어떻게 임금이 되었는지부터 살펴보아야겠구나."

제26대 고종

하나네 가족은 서울의 낙원동으로 갔습니다. 그 곳에 자리잡고 있는 운현궁은 고종 임금의 아버지인 흥선대원군이 살았던 집이라고 했습니다.

"대원군이라는 호칭도 있어요?"

하나가 물었습니다.

"대원군은 사람 이름이 아니란다. 임금의 아버지를 대원군이라고 하지. 임금자리를 물려주고 뒤로 물러나 있을 때는 상왕이라고 하지만 그냥 보통 사람으로 아들이 임금이 되면 대원군이 되는 거야."

아빠는 자세히 설명해 주셨습니다. 그리고 대원군의 이름은 이하응이라고 가르쳐 주셨습니다.

"오늘은 이 운현궁에서부터 고종에 얽힌 여러 곳들을 둘러봐야 하니까 서둘러야겠어."

하나는 깨끗하게 새로 지어 놓은 운현궁을 살펴보며 엄마와 손을 잡고 아빠 뒤를 따랐습니다.

대원군과 고종

사도세자의 증손자인 이하응은 생각이 깊은 사람이었습니다. 그는 안동 김씨들에게 일부러 업신여김을 당하려고 갖가지 모자란 짓을 다하고 다녔습니다.

힘있는 왕족이 나타날까 봐 안동 김씨들이 눈을 부릅뜨고 살피기 때문이었습니다. 잘못 걸려들었다가는 죽임을 당할 수밖에 없었습니다.

이하응은 시장 바닥의 건달들과 어울리기도 하고, 때로는 안동 김씨에게 먹을 것을 구걸하여 웃음을 사기도 했습니다. 보잘것없는 왕족으로 보이려는 것이었습니다.

안동 김씨들은 그를 여간 깔보지 않았습니다. 그런 가운데 그는 붓글씨를 쓰거나 난초 그림을 그리며 때를 기다렸습니다.

드디어 철종이 왕자 없이 죽자 이하응은 궁중에서 가장 어른인 신정왕후와 머리를 맞댔습니다.

풍양 조씨인 신정왕후는 안동 김씨가 너무 오랫동안 나라를 쥐고 흔드는 데 몸서리를 치고 있었습니다. 그래서 두 사람은 뜻이 맞았습니다.

안동 김씨는 눈여겨보지도 않던 이하응의 재빠른 움직임에 어안이 벙벙할 뿐이었습니다. 그러는 사이에 신정왕후는 이하응의 둘째아들을 임금

자리에 앉혔습니다. 이 둘째아들이 철종의 뒤를 이은 고종 임금입니다.

임금의 아버지인 이하응은 대원군이 되었습니다. 때는 1863년이었습니다.

고종은 열두 살의 어린 나이에 임금자리에 올랐습니다. 그래서 신정왕후가 수렴청정을 하게 되었지만, 대원군에게 섭정의 자리가 맡겨졌습니다. 섭정이란 임금의 일을 대신 하는 것을 말합니다.

대원군은 먼저 안동 김씨들을 나라 일에서 손을 떼게 했습니다. 이로써 지난 60년 동안 나라를 쥐고 흔들었던 안동 김씨는 물러나게 되었습니다.

대원군은 땅에 떨어진 임금의 힘을 되살려 높이기 위해 여러 가지 제도를 새로이 했습니다. 어느 쪽 사람인지 따지지 않고 똑똑한 사람이라면 고르게 벼슬을 주었으며, 세금을 바로 매겨 나라의 살림살이에 도움이 되게 했습니다. 또 내로라 하는 사람들이 힘을 한 데 모으기 쉬운 서원도 많이 없애 버렸습니다.

그러나 무엇보다도 어려운 일은 경복궁을 다시 짓는 것이었습니다. 경복궁은 임진왜란 때 불타 버린 채 그대로 버려져 있었습니다.

대원군은 임금의 힘을 떨쳐 보이려면 경복궁을 더 번듯하게 잘 지어야 한다고 생각했습니다.

경복궁을 짓는 데는 어마어마한 돈이 들어갔습니다. 세금도 따로 받고, 집을 짓는 데 쓸 만한 것은 모두 거두어들였습니다.

그리하여 오늘날 보는 것과 같은 경복궁이 세워졌지만, 백성들의 고생은 이만저만이 아니었습니다.

프랑스와 미국의 침략

대원군은 고집이 무척 센 사람이었습니다. 그는 다시 고개를 드는 천주교를 억압하는 정책을 폈고, 6년 동안 무려 8천 명이 넘는 천주교인들을 죽였습니다. 이런 소용돌이 속에서 프랑스 신부 9명이 죽기도 했습니다.

그 사건으로 군함 7척을 앞세운 프랑스 군사 1천 명이 강화도로 쳐들어와 섬을 차지했습니다.

조선 군대는 프랑스 군대와 열심히 싸웠지만 쉽게 물리칠 수는 없었습니다. 가까스로 정족산성의 싸움에서 이김으로써 프랑스 군대를 몰아낼 수 있었습니다. 이것을 '병인양요'라고 합니다. 이보다 두 달 앞서 제너럴 셔먼 호를 앞세운 미국인들이 대동강을 거슬러 올라와 왕래를 하며 물건을 사고 팔자고 했습니다. 서양 사람들을 꺼린 평양 사람들은 제너럴 셔먼 호를 불질러 버렸습니다.

그 사건으로 미국 군함 5척이 군사 1천 2백 명을 싣고 강화도로 쳐들어왔습니다.

조선 군대는 미국 군대와 맞서 싸웠지만 미국은 강

화도의 초지진을 차지했습니다. 그러나 완강하게 나라의 문을 열 수 없다는 대원군의 고집을 꺾지 못하고 물러나야 했습니다. 그것을 '신미양요'라고 합니다.

두 번에 걸친 서양의 침략은 대원군으로 하여금 나라의 문을 더욱 꽁꽁 걸어 잠그게 했습니다.

'임오군란' 과 '갑신정변'

대원군의 섭정은 더 지속될 수 없었습니다. 고종의 나이가 어느새 20세가 넘었기 때문입니다. 드디어 고종은 직접 나라 일을 보게 되고, 왕비인 명성왕후는 일가붙이들인 민씨들을 불러들였습니다.

명성왕후는 대원군과는 생각이 달랐습니다. 나라의 문을 열고 다른 나라들과 서로 오고가야 한다고 생각했습니다.

그리하여 조선의 문이 열리기를 끈질기게 바라던 일본과 조약을 맺고 제물포, 부산, 원산 등 항구를 열었습니다. 나라와 나라 사이의 약속을 조약이라고 합니다.

이어서 미국, 프랑스, 러시아에도 문을 열었습니다.

이렇게 문을 열자, 옛것을 지키자는 수구파와 새것을 받아들이자는 개화파가 서로 다투기 시작했습니다.

수구파는 대원군 편이며, 개화파는 고종과 명성왕후 편이었습니다.

고종은 개화파의 뜻대로 새로운 군대를 만들었습니다. 그리고 옛날의 군대보다 더 좋은 뒷받침을 해 주었습니다.

그 사실에 화가 난 옛날 군대는 반란을 일으켰습니다. 이것이 '임오군란'입니다.

이 반란으로 대원군은 다시 나라 일을 손아귀에 넣을 수 있었습니다. 그러자 고종과 명성왕후는 청나라에 도움을 청했습니다.

청나라는 군대를 보내 대원군을 붙잡아 가고 말았습니다.

그렇게 되자 고종과 명성왕후는 청나라 쪽으로 기울 수밖에 없었습니다.

개화파들은 두려움을 느꼈습니다. 그래서 수구파의 우두머리들을 없애고 나라 일을 떠맡았습니다. 그러나 청나라의 개입으로 개화파의 세상은 3일 만에 끝나고 말았습니다. 이것을 '갑신정변'이라고 합니다.

개화파의 뒤에 있던 일본도 조선에 손을 뻗치기 시작하였습니다. 결국 청나라와 일본은 서로 힘을 겨루게 되었습니다.

"이렇게 나라는 온통 엎치락뒤치락 어수선했단다."

"어유, 듣기에도 어지러워요."

하늘이가 머리를 흔들었습니다.

"나라를 다스리는 사람들이 그랬으니 백성들은 얼마나 살기가 고달팠겠니."

"너무 힘들었겠어요."

"마침내 백성들은 들고일어났단다."

"어떻게요?"

"하늘이는 철종 때 생겨난 동학을 알지?"

"아, 사람이 곧 하늘이라는 그 종교 말이에요?"

"그래. 그 동학을 중심으로 혁명이 일어났단다."

동학 혁명

　전라도 고부군의 군수인 조병갑은 욕심이 지나친 사람이었습니다.
　그는 여러 가지 이유를 붙여 세금을 거두고, 이리저리 트집을 잡아 백성들의 재산을 빼앗았습니다. 심지어는 자기 아버지의 비석을 세운다며 돈을 긁어들이기도 했습니다.
　그리고 그런 행동에 대해 말하는 사람이 있으면 무조건 잡아 가두거나 심한 벌을 내렸습니다.
　전봉준의 아버지도 조병갑에게 세금을 내려 달라는 글을 올렸다가 매를 맞고 죽었습니다.
　전봉준은 어려서부터 몸집이 작아 녹두라고 불리었습니다. 작은 땅을 일구며 살면서도 그는 선비의 몸가짐으로 아이들을 가르치기도 했습니다.
　그가 동학에 들어간 것은 37세 때였습니다. 그는 동학의 지방 우두머리인 접주가 되어 동학을 퍼뜨리는 일에 몸을 바쳤습니다.
　전봉준은 이웃의 동학 교인과 농민들에게 글을 띄웠습니다. 조병갑을 없애는 것은 물론이고, 전주까지 쳐들어가 관아를 차지하자는 내용이었습니다.

그것은 혁명의 시작이었습니다.

1894년 1월 10일, 1천 명 남짓한 동학 농민 군은 머리에 흰 띠를 두르고 대나무 창과 곡괭이, 쇠스랑 따위를 들고 고부 관아로 쳐들어갔습니다. 그러나 조병갑은 어느새 도망치고 없었습니다.

사태를 수습하라고 조정에서 내려보낸 관리들은 동학 교인들을 무자비하게 다스렸습니다.

전봉준은 새로이 동학 농민들을 모았습니다. 그에 따라 1만 명의 동학 농민 군이 모였습니다.

동학 농민 군은 전라도 여러 지방을 차지하고 드디어 전주까지 차지해 힘을 떨쳤습니다.

다급해진 조정에서는 하는 수 없이 청나라에 도움을 청했습니다.

드디어 청나라 군대가 조선에 도착하자, 질세라 일본 군대도 조선 땅에 발을 내딛었습니다.

이 때, 전봉준은 나라에 여러 가지 새로운 제도를 내세웠고, 그렇게 해도 좋다는 허락을 얻어냈습니다.

그가 내세운 새로운 제도란 케케묵은 옛 생활에서 벗어나자는 것이었습니다.

 양반만을 받드는 옛 제도를 버리고 사람이면 누구나 똑같은 지위를 누리며, 여성들의 지위를 높이고 농민들의 생활을 기름지게 하자는 것이었습니다.
 전봉준은 그것을 잘 시행하기 위해 '집강소'라는 것을 만들기도 했습니다.
 전봉준의 생각은 실학자들이나 개화파의 생각보다 훨씬 앞선 것이었습니다.

하지만 모든 사태가 수습되었는데도 청나라와 일본의 군대는 물러가지 않고 서로 힘 겨루기를 했습니다. 결국 두 나라는 조선 땅에서 전쟁을 벌이게 됩니다.

이 전쟁은 일본의 승리로 끝나고, 조선은 일본의 간섭을 벗어날 수가 없게 되었습니다.

우리만의 힘으로 나라 일을 해 나가자는 것이 동학의 뜻이었습니다. 전봉준은 일본을 몰아내기 위해 다시 일어났습니다. 전봉준의 뜻에 맞춰 모인 동학 농민군은 모두 20만 명이 넘었습니다.

하지만 제대로 싸움을 할 줄 아는 군인들이 없었습니다. 새로운 무기로 무장한 정부군, 일본군과 맞서기에는 너무도 힘이 약했습니다.

동학 농민 군은 공주로 몰려갔다가 쫓기기 시작하였고, 공주에서 가까운 우금치 고개의 싸움에서 크게 패하고 말았습니다. 패한 동학 농민 군들은 뿔뿔이 흩어졌습니다.

전봉준도 쫓기는 몸이 되었습니다.

일본군은 전봉준을 잡아오면 큰 상금을 내린다는 말을 퍼뜨렸습니다.

몸을 숨긴 채 여러 지방으로 돌아다니던 전봉준은

부하의 밀고로 사로잡혔습니다.

이듬해 전봉준은 뜻을 함께 했던 여러 사람들과 함께 죽임을 당했습니다. 이로써 나라를 새로이 하겠다는 동학 혁명은 슬프게 끝을 맺었습니다.

동학 혁명은 그렇게 끝났지만, 그 뜻은 사람들의 마음에 길이 전해졌습니다. 그래서 사람들은 다음과 같은 노래를 지어 불렀습니다.

새야, 새야, 파랑새야,
녹두밭에 앉지 마라.
녹두꽃이 떨어지면
청포장수 울고 간다.

녹두꽃은, 어려서 녹두라고 불렀으며 동학 혁명 때는 녹두장군으로 불렸던 전봉준을 일컫습니다.

대한제국

동학 혁명을 누른 일본은 더한층 조선의 나라 일에 깊숙이 간섭하려고 했습니다.

고종과 명성왕후는 일본을 멀리하기 위해 러시아와 가까이 지냈습니다. 일본은 조선과 러시아의 사이를 떼어놓으려면 명성왕후를 없애야 한다고 여겼습니다.

　마침내 일본은 떠돌이 패거리를 궁궐로 들여보내 명성왕후를 죽였습니다. 이 일로 백성들은 여러 곳에서 일어나 일본군과 맞섰습니다.

　어수선한 틈을 타 고종은 러시아 공사관으로 몸을 옮겼습니다. 그 곳에서 일본과 친한 신하들은 역적으로 몰고 러시아와 친한 신하들로 조정을 구성하였습니다.

　고종이 러시아 공사관에 머무는 동안 다른 여러 나라들은 다투어 잇속을 챙기기에 바빴습니다.

　나라의 기틀은 더욱 흔들렸습니다.

　이즈음 갑신정변 때 미국으로 건너갔던 개화파의 서재필이 돌아와 나라를 스스로의 힘으로 바로잡자고 외쳤습니다.

　그는 '독립신문'과 '독립협회'를 만들었습니다. 그래도 나라가 어지럽기는 마찬가지였습니다.

　독립협회는 종로에 사람들을 모아 놓고 조선은 러시아를 몰아내고 스스로 일어서는 나라가 되어야 함을 알렸습니다.

독립협회는 고종에게 러시아 공사관에서 나와 임금 자리에서 물러나라고 했습니다.

거센 아우성에 고종은 어쩔 수 없이 러시아 공사관에서 나와 궁궐로 돌아왔습니다. 그리고 나라를 새로 일으키기 위해 나라 이름을 조선에서 대한제국으로 바꾸었습니다.

이제 고종은 그냥 임금이 아니라 더 높은 황제로 일컬어지게 되었습니다.

대한제국으로 나라의 이름은 높아졌지만, 나라꼴은 더욱 엉망이었습니다. 고종 황제를 물러나게 하려는 움직임이 곳곳에서 일어나고, 심지어는 없애 버리려는 사건도 있었습니다.

이 때 일본은 러시아와 전쟁을 일으켰습니다. 이 전쟁에서 러시아는 맥없이 지고 말았습니다. 러시아를 몰아낸 일본은 대한제국을 협박해 억지로 '을사보호조약'을 맺었습니다.

일본이 다른 나라들로부터 대한제국을 보호한다는 조약이었습니다.

고종 황제는 미국에 억울함을 알려 도움을 받으려

고 했습니다. 그러나 이미 일본은 미국과 짜고 있어서 소용이 없었습니다.

일본은 통감부라는 것을 만들어 대한제국의 외교를 도맡게 했습니다.

고종 황제는 세계의 여러 나라에 억울함을 알리려고 했습니다. 마침 네덜란드의 헤이그에서 세계 여러 나라들이 모여 세계 평화를 위한 회의가 열리게 되어 있었습니다.

고종 황제는 이준, 이상설, 이위종 세 사람을 몰래 헤이그로 보냈습니다. 그러나 일본이 영국과 짜고 따돌리는 바람에 세 사람은 회의장에 들어갈 수도 없었습니다.

이 일은 일본에 커다란 빌미를 만들어 주었습니다. 드디어 일본은 이완용, 송병준 등 자기 쪽 신하들을 부추겨 고종 황제에게 물러나라고 윽박질렀습니다.

견디다 못한 고종 황제는 아들 순종에게 황제 자리를 물려주었습니다. 때는 1907년이었습니다.

황제 자리에서 물러난 고종은 태황제로 불리다가 일본이 대한제국을 집어삼킨 뒤에는 이태왕으로 불렸습니다. 그리고 1919년에 68세의 나이로 세상을 떠났습니다.

고종의 장례식인 3월 1일을 맞아 우리 민족은 일본으로부터 나라를 되찾고자 하는 운동을 일으켰습니다. 사람들은 구름같이 몰려나와 손에 손에 태극기를 흔들며 만세를 불렀습니다.

비록 나라를 되찾지는 못했어도, 이 운동의 뜻은 우리의 가슴 속에 길이 살아 있습니다.

하나네 가족은 운현궁을 거쳐 정동의 러시아 공사관으로 갔다가 마지막으로 종로의 탑골공원까지 둘러보았습니다.

러시아 공사관은 거의 허물어지고 높다란 한 부분만 남아 있었습니다.

그리고 3.1 운동 때 수많은 사람들이 모여들어 우리 힘으로 나라를 일으키자는 글을 소리 높여 읽고 만세를 불렀던 탑골공원은 서울 한복판에 자리를 잡고 그 날의 만세 소리를 생생하게 간직하고 있는 듯했습니다.

탑골공원 삼일문

"탑골공원이 너무 초라해 보이는군요."

탑골공원을 나서면서 엄마가 아쉬운 표정을 지었습니다.

"정말 그래요. 역사적인 발자취가 남아 있는 곳인데 관리도 잘 안 되는 것 같아요."

하나와 하늘이도 머리를 끄덕였습니다.

제27대 순종

하나네 가족은 종로 3가에 자리잡고 있는 종묘로 갔습니다.

종묘는 조선의 27명의 임금들을 모셔 놓고 제사를 지내는 곳이라고 했습니다. 너무도 아름답게 지어서 유네스코로부터 세계에서 가장 잘 지켜야 할 곳으로 꼽힌 곳입니다.

"고종의 뒤를 이은 순종은 조선의 마지막 임금이지. 그리고 고종 때 세워진 대한제국으로서는 두 번째 황제가 되지. 여기는 그 임금들을 다 모셔 놓은 곳이란다."

"조선이 마지막이 되면 그 다음은 어떻게 되나요?"

하늘이는 물었습니다.

"일본이 우리 나라를 집어삼켰어. 그래서 우리 나라는 일본 밑에서 눌려 살아야 했단다."

"그것이 조선의 마지막이군요."

하늘이는 고개를 숙였습니다. 옆에서 듣고 있던 하나는 슬펐습니다.

순종은 황제가 되었지만, 조선은 고종 때 일본에게 외교권을 빼앗긴 상태여서 아무 힘도 쓸 수가 없었습니다.

고종을 억지로 황제 자리에서 밀어낸 일본은 더욱 큰소리를 치며 나라 일을 마음대로 휘저었습니다. 조정의 신하들도 그들 마음대로 세웠습니다.

이어서 일본은 대한제국의 군대마저 없애 버렸습니다. 군대가 없는 나라는 이름뿐인 나라나 다름없었습니다. 뿔뿔이 흩어진 군사들은 분을 못 이겨 의병이 되어 일본군과 맞서 싸움을 벌이기도 했습니다.

일본은 조선 사람을 조선의 법으로 다스리지 않고 일본의 법으로 다스리도록 만들었습니다. 대한제국은 그야말로 빈 껍데기뿐인 나라가 되었습니다.

많은 일본 군인들이 조선으로 몰려들었고, 여러 곳에서 일어난 의병들은 일본 군대와 어려운 싸움을 벌여야 했습니다.

조선이 일본의 손아귀로 들어가자, 조선의 외교 일을 도와주러 와 있던 미국인 스티븐슨이 귀국을 했습니다. 그는 엉뚱하게도 조선이 일본의 도움으로 더 좋은 나라가 되었다고 말했습니다.

너무 어처구니없는 그 말에 장인환과 전명운 두 사람은 스티븐슨을 권총으로 쏘아 죽였습니다.

안중근의 의거

일본이 대한제국을 허수아비 나라로 만드는 데 앞장선 일본 사람은 이토 히로부미였습니다. 그는 일본을 대표해서 조선을 집어삼키려고 온갖 일을 벌였습니다.

대한제국이 거의 일본 손아귀로 넘어갈 무렵 일본은 러시아 측과 만나기 위해 만주의 하얼빈으로 갔습니다.

그가 열차에서 내려 몇 발짝 걸었을 때였습니다.

탕, 탕, 탕.

권총 소리가 귀청을 찢었습니다. 이토는 그 자리에서 쓰러져 숨을 거두었습니다.

이토를 쓰러뜨린 사람은 안중근이었습니다. 안중근은 촛불처럼 꺼져 가는 조선을 지키기 위해 목숨을 바치겠다고 다짐한 인물이었습니다.

그는 러시아와 만주에서 뜻이 맞는 사람들과 함께 때를 기다렸습니다.

그러다가 이토가 온다는 말을 듣고 하얼빈으로 숨어든 것이었습니다.

이토를 쓰러뜨린 안중근은 붙잡혀서 뤼순 감옥에 갇혔습니다. 그는 감옥에 갇혀서도 꿋꿋하고 당당했습니다.

안중근은 일본의 재판을 받고 의연하게 죽음을 맞이했습니다.

일본 사람들도 그의 용감한 몸가짐에 옷깃을 여몄습니다.

일본은 대한제국을 집어삼키려고 더욱 숨통을 죄었습니다. '일진회'라는 것을 만들어 조선을 집어삼키는 데 앞장서도록 하였습니다. 이완용, 송병준, 이용구 등이 중심이 되어 모인 일진회는 순종 황제를 갖은 말

로 협박하고 괴롭혔습니다.

순종은 그들의 괴롭힘을 견뎌 낼 수가 없었습니다.

1910년 8월 29일이었습니다. 순종은 일본과 나라를 합친다는 조약을 허락하고 말았습니다.

순종의 왕비인 순정효황후는 숨어서 엿듣고 있다가 옥새를 치마 속에 감추고 내놓지 않았습니다. 그러나 곧 빼앗기고 말았습니다. 그렇게 해서 한일합방 조약의 문서에 도장이 찍혔습니다.

이로써 조선 왕조는 나라를 세운 지 519년 만에, 27번째 임금을 마지막으로 우리 역사에서 사라지게 되었습니다.

순종은 나라를 일본에 넘긴 뒤로 이왕이라는 이름으로 창덕궁에서 살다가 1926년에 세상을 떠났습니다. 아들도 없었습니다.

순종의 배다른 동생, 이은이 뒤를 잇기로 되어 있었으나, 그는 일본에 볼모로 잡혀가 있었습니다.

순종의 장례식 날에 백성들이 모여들어 만세를 부른 사건을 '6.10 만세 운동'이라고 합니다.

"순종은 별로 한 일도 없이 나라를 일본에 넘

길 수밖에 없었단다."

아빠는 깊은 한숨을 내쉬었습니다.

"너무나 안타까워요. 그렇게 나라가 망하다니……."

엄마가 말꼬리를 흐렸습니다.

하나는 오빠 하늘이의 손을 잡고 멍하니 서 있었습니다.

하나와 하늘이는 손을 잡고 그 동안 역사 찾아가기를 통해 만났던 여러 왕들을 머릿속에 그려 봅니다. 아빠와 엄마의 이야기 속에서 만났던 조선 임금들의 얼굴이 금방이라도 눈앞에 펼쳐질 것만 같습니다.

-끝-

한국문학원
이 책은 한국문학원(원장 윤후명)의 청소년문학학당에서 집필하였습니다.
한국문학원은 올바른 길을 제시하고 창작 지망생들을 새로운 소설가로 지도 양성하는 곳입니다.

[책임집필자]
윤후명(소설가 · 한국문학원 원장)
연세대 철학과 졸업
한국일보 신춘문예 당선
현대문학상 · 이상문학상 등 수상
소설집 〈돈황의 사랑〉, 〈협궤열차〉 등

이채형(소설가)
서라벌예대 문예창작과 졸업
소설문학 신인상 당선
소설집 〈동무〉

황충상(소설가 · 계간「문학나무」발행인)
서라벌예대 문예창작과 졸업
한국일보 신춘문예 당선
소설집 〈뼈 있는 여자〉, 〈나는 없다〉 등

김정묘(시인)
동국대 불교예술대학원 수학
문학과 비평 신인상 당선
시집〈태극 무극〉
동화〈엄마야 누나야 강변 살자〉 등

한 권으로 읽는 어린이 조선왕조실록

초판 제1쇄 발행일 : 2022년 5월 25일
초판 제10쇄 발행일 : 2026년 1월 15일

엮은이 : 한국문학원
발행인 : 김종윤
펴낸곳 : 주식회사 자유지성사
등록번호 : 제 2 - 1173호
등록일자 : 1991년 5월 18일

서울특별시 송파구 위례성대로 8길 58, 202호
전화 : 02) 333- 9535 | 팩스 : 02) 6280- 9535
E-mail : fibook@naver.com
ISBN : 978 - 89 - 7997 - 431 - 7 (73910)

발행인의 허락없이 무단전재나 복제를 할 수 없습니다.
파본은 구입하신 서점에서 교환하여 드립니다.